曾国藩教子经

田树德 著

中国传统文化思想集大成者——曾国藩

教你如何教育子女

湖南少年儿童出版社
HUNAN JUVENILE & CHILDREN'S PUBLISHING HOUSE

图书在版编目（CIP）数据

曾国藩教子经 / 田树德著 .—长沙：湖南少年儿童出版社，2016.5
ISBN 978-7-5562-1786-1

Ⅰ.①曾… Ⅱ.①田… Ⅲ.①曾国藩（1811~1872）-家庭教育－经验 Ⅳ.①G78

中国版本图书馆 CIP 数据核字 (2016) 第 288613 号

曾国藩教子经
ZENG GUOFAN JIAO ZI JING

总策划：吴双英

责任编辑：熊楚

装帧设计：百愚文化

特约编校：百愚文化

质量总监：郑瑾

出版人：胡坚

出版发行：湖南少年儿童出版社

地址：湖南省长沙市晚报大道 89 号　　邮编：410016

电话：0731-82196340　82196334（销售部）　　0731-82196313（总编室）

传真：0731-82199308（销售部）　　0731-82196330（综合管理部）

经销：新华书店

常年法律顾问：北京市长安律师事务所长沙分所　张晓军律师

印刷：湖南天闻新华印务邵阳有限公司印刷

开本：787mm×1092mm　1/16　　印张：14.25　　字数：170 千

版次：2016 年 5 月第 1 版　　印次：2016 年 5 月第 1 次印刷

定价：32.00 元

序 |

    2012 年 9 月，田树德老师在美国纽约居住一年回到长沙，便打电话约我相见。见面后，在交谈时他告诉我他利用在美国居住的时间撰写了《曾国藩教子经》一书。接着，提出让我阅读书稿，提修改意见，并为此书作序。

    面对他提出让我为书稿作序的要求，我便想到清代散文家姚鼐和南朝梁武帝长子萧统，即昭明太子，对写序跋文的论述。姚鼐认为，序跋文是散文的一种，"以推论本原，广大其义"，或"自序其意"。昭明太子说，作序"事出于沉思，义归乎翰藻"，就是说序跋文具有美学的特点。正因为如此，众多专家、学者公认序跋文是散文，也可以说是美文。因此，为作者的书稿写序，一般人是难以胜任的。这件事对我来说，同样感到难以胜任，所以对田树德老师的要求，我表示谢绝。

    我谢绝田老师的要求，还有一个原因，就是知道他早在 1966 年就从事新闻工作，曾在解放军报社和新华社任记者，1981 年到湖南人民出版社，先在美育杂志编辑室，后在青年读物编辑室，而我在文化编辑室。当时，我与他虽然不在一个科室，但关系密切，经常在一起策划选题和探讨与出版工作有关的诸多问题。在此期间，最令我敬重的是，他在工作之余勤于笔耕，《南方日报》、《湖南日报》、《金色年华》杂志、《成才之路》杂志等报刊，都曾为其开辟专栏，发表了许多深受读者欢迎

1

的文章。除此之外，他还先后撰写出版诗集《蓝天颂》，报告文学集《威震南疆》《落榜后的崛起》，杂文集《书山拾玉》《名人治学之道》，美学专著《大众美学》《女性魅力与选美》，青少年读物《亲子沟通童话故事》《亲子沟通成语故事》《亲子沟通寓言故事》《亲子沟通幽默故事》《亲子沟通动物故事》《爱情·悲剧·思索》，文史著作《真相：毛泽东史实 80 问》《曾国藩家事》，未来学专著《世纪冲击波》等，计有 600 多万字。1993年 4 月，中共中央宣传部、国家新闻出版署和全国版协共同举办全国优秀青年读物评选，《世纪冲击波》一书获全国优秀青年读物奖。田树德老师著作这么多，不是一般的作者，他撰写了新作，我怎能为其写序呢？基于这样的考虑，所以他提出让我为《曾国藩教子经》一书写序的要求我再三谢绝。而他认为，我酷爱文史著作，曾从事文史编辑工作多年，在工作之余也喜爱写作，撰写出版了一些著作，并曾在湖南少年儿童出版社任总编，负责过少儿读物的出版工作，对家教类读物和广大家长的需求比较了解，所以坚持让我为其作序。在这样的情况下，我实在推托不了，便怀着试一试的心情，答应为其写序。

为了写好此序，我便深入了解有关的情况。田树德老师告诉我，他早就想撰写《曾国藩教子经》一书，并且多方面收集史料，探究有关的诸多问题，但因为忙于撰写其他著作，所以没有动笔写这本书。

2011 年 7 月，他到美国后，遇到许多意外的情况。

而这些情况，可以说都与曾国藩有关。例如，他到哈佛大学、哥伦比亚大学和纽约大学参观访问，认识了几位美国著名教授，在与他们交谈时，其中一位教授谈到，曾国藩于同治十年（1871年）七月，呈奏章选送幼童到美国留学被朝廷批准，开创了中国幼童留学美国的先河。这件事无疑具有重大意义，说明曾国藩教育观念很有远见，值得高度赞扬和进一步深入探究其有关的情况。因此，这位教授提出建议，希望中国的专家、学者为社会致力撰写一些论述曾国藩倡导幼教方面的专著。

在美国纽约，田树德老师还遇到这样的情况：到曼哈顿唐人街、法拉盛唐人街和皇后区等处的中文书店，多次遇到一些华侨希望买到曾国藩家教类图书，但未能如愿，因而大失所望。

到华侨家中做客，有几位移民美国多年的华侨，向田树德老师诉说自己的子孙后代完全"洋人化"，其言行没有一点"中国味"。因此，祖籍的亲友到美国看望他们，而子孙的表现，令亲友很反感，使他们大丢脸面。他们很想改变这种情况，但不知如何进行家教，故一再恳求田树德老师想办法给他们从中国买到曾国藩家教方面的书，以便他们阅读，寻求到用祖国传统文化训导子孙的办法。

2011年10月，我国台湾300家出版单位在美国纽约共同举办"台湾图书大展"，众多华侨满怀希望前去购买中文家教类图书。而这次书展，推售的主要是介绍台湾地区旅游观光和土特产方面的书，因此广大华侨读者非常失望。

此书展结束后，纽约世界书局一位领导，从新华社纽约分社一位朋友处得知，田树德老师早在1996年1月就与曾国藩家乡的一位作者合作撰写出版了《曾国藩家世》一书，第一版印3.5万册，很快销售一空，以后，又多次重印。2008年5月，根据广大读者的需求，田树德老师在江西人民出版社出版《曾国藩家事》。而恰好田树德老师那时正在纽约，于是那位领导便登门拜访，约其写一本曾国藩家教方面的书。

在上述情况的激励和促使下，田树德老师决心尽快写出让读者满意的《曾国藩教子经》一书，以满足国内外广大读者的需要。他不仅夜以继日地查阅大量史料，而且在纽约拜访了曾国藩后裔，了解曾氏后世传人的情况。他还向参加纽约书展的、曾出版《湘乡曾氏文献》和《湘乡曾氏文献补》等史籍的台湾学生书局的资深编辑求教。就这样，经过不懈努力，他完成了《曾国藩教子经》一书的写作。

此书从曾国藩族脉历史传承开篇，继而论述了曾氏家教传统、曾国藩的家教观以及曾国藩是怎样对子孙进行启蒙教育、人生教育和职业选择的教导的。除此，还纠正了社会对曾国藩子孙后代的诸多误传。由此可见，此书内容非常丰富，很值得一读。

愿广大读者喜爱这部书。通过读此书受到启迪，培养教育好自己的子孙后代，为祖国更加富强做出贡献。

许久文

前 言 ▎

　　曾国藩是中国近代史上一个显赫而又颇具争议的人物。他生活在晚清社会，从偏僻山村的一介儒生逐渐崛起。他的崛起，不仅显现了其杰出才能，而且极大地改变了近代中国的权力格局，并在政治、经济、军事、教育和思想文化等多方面影响了中国社会的走向。虽然后人对他有"毁之则为元凶，誉之则为圣贤"的评价，但他毕竟在近代中国发展史上写下了不容抹杀的一笔。

　　正因为如此，早在20世纪90年代初，在我们国内随着社会对传统文化的重新认同以及文化界和整个社会风气的变化，人们对曾国藩的认识，不再是简单地局限于评判他镇压农民起义军的罪过，而是更多地关注他在思想和学术上对社会的影响，关注他对中国传统文化的继承和发扬。

　　基于这样的情况，多年以来，有关曾国藩的图书的出版已成为国内文化界的一个热点，大到全集，小到传记、逸闻，林林总总不一而足，可以说蔚为大观。然而据调查，广大读者读了这些已出版的曾国藩图书，有众多的人感到不满足。因为现在的人们都把培养教育孩子作为头等大事。为了培养教育好下一代，便热心读有关的书籍，以便从中受到启迪，寻求到培养教育孩子的方法和途径。

可是，他们读了一些曾国藩家教类图书后，感到这些图书都是论述和解释曾国藩家训格言的说教式著作，没有把理论与实际相结合，没有以大量生动的事例，来说明曾国藩是怎样针对后辈存在的问题，采取什么方法教育子孙后代的。因此，感到很不满足。

除此，还有一个情况引起广大读者特别关注。道光二十九年（1849年）四月十六日，曾国藩说："吾细思凡天下官宦之家，多只一代享用便尽。其子孙始而骄佚，继而流荡，终而沟壑，能庆延一二代者鲜矣。"

而曾国藩这个"官宦之家"的情况不是这样的。众所周知，曾国藩有3个儿子，除了其长子曾纪第在世1年多便因病而亡外，长大成人的次子曾纪泽，是在国内享有盛誉的外交家，三子曾纪鸿致力近代科技，取得巨大成就。

从孙辈来说，曾国藩有8个孙子、4个孙女，其中3个孙子、1个孙女幼殇。在长大成人的5个孙子、3个孙女中，有的在兵部任主事，有的出使国外成为清朝最年轻的驻外大臣，有的任湖北按察使，有的是浙江候补道员，有的是才华横溢的女诗人。

其曾孙辈，曾国藩有13个曾孙、15个曾孙女，其中2个曾孙幼殇。在成人的这些曾孙和曾孙女中，有的曾任我国台湾东海大学首任校长，有的是美国麻省理工电机工程学士，有的是英国伦敦大学教授，有的是我国香港大学或复旦大学、上海交通大学、湖南大学教授，有的是医学博士，有的是新闻记者。

从旁系亲属情况来说，曾国藩的 4 个弟弟，共生有 6 个儿子，其后有 14 个孙子、41 个曾孙。在这些后代中，有的曾任全国妇联副主席，有的曾任国家教育部副部长，有的是化学专家，有的是文史专家，有的是考古学家，有的被聘为联合国文教委员……

广大读者面对上述情况，不约而同地提出这样的问题：曾国藩之家，为什么没有"只一代享用便尽"，也没有"继而流荡，终而沟壑"，其子孙后代反而涌现出那么多杰出的人才呢？除此以外，广大读者也很想知道曾国藩在封建的落后的晚清社会是怎样培养教育子孙后代的，其成功的家教经验是什么。为了弄清这些问题，以便从曾国藩家教经验中得到启示，从而培养教育好自己的下一代，广大读者迫切希望能有一本论述曾国藩家教的专著出版。

本书正是为了满足读者的这一要求而撰写的。本书的论述，以曾国藩为什么重视培养教育子孙后代开篇，继而论述曾国藩怎样对孩子进行启蒙，如何教育孩子从小具有良好的品德，怎样根据孩子的特点指导其读书治学，孩子长大成人后，曾国藩是怎样指导其选择职业和保身养生以及成家立业等多方面的内容。读后无疑可在家教方面给读者以深刻的启示，故本书非常值得一读。

对本书还有一点应当特别说明，就是笔者为了撰写此书，拜读了许多专家、学者的著作，并从中引用了一些史料，为此，特向他们致以衷心感谢！另一方面，因为本书所涉及的内容较多，而本人学识水平和掌握的史料有限，加上成书时间仓促，区区管见，难免有不妥之处，敬请专家、学者和广大读者批评指正。

田 树 德

目录

曾国藩教子经

ZENG GUOFAN JIAO ZI JING

目 录

曾国藩
教子经
ZENG GUOFAN JIAO ZI JING

曾国藩

曾国藩教子经
ZENG GUOFAN JIAO ZI JING

目录

曾国藩教子经

ZENG GUOFAN JIAO ZI JING

第一章

曾国藩重视培养、教育子女的原因

　　从晚清社会至今，一个多世纪以来，曾国藩在我国一直是社会广泛关注的人物。对他的功过是非，人们各有己见，因而有不同的评价。然而如若提起他对家庭教育的重视，特别是对子孙后代的培养教育，则都持称赞的态度，并且谁都不否认其在家教方面对社会的广泛影响。曾国藩作为封建王朝的权贵，为什么特别重视家庭教育？其原因是什么？这些问题显然值得探究。

1. 源于家世兴衰的深刻感受

众所周知，禹继承舜的部落联盟首领后，他的后人曲烈为鄫子爵，在鄫（今山东省临沂地区郯城县、苍山县）建立鄫国。古时候的子爵以封地为姓，曲烈便从此姓鄫。

鲁襄公初年，时泰继任鄫子爵后，鄫国被邾人、莒人所灭。时泰的世子巫为避乱而逃奔鲁，将"鄫"姓改为"曾"氏，此为曾氏得姓之始，所以后人尊时泰世子巫为曾氏第一世祖。

从曲烈至巫改为曾姓，经历六十传至参。曾参，俗称曾子，字子舆，春秋末鲁国南武城人，生于周敬王十五年（公元前505年），16岁时拜孔子为师，提出"吾日三省吾身"的修养方法。曾子有3个儿子，以后多代未出山东境地。

从曾子到第十五代曾据时，发生了王莽毒死汉平帝事件。当时任关内侯的曾据因不满王莽篡汉，便"挈族两千余人，尽徙豫章庐陵"，即从山东到江西庐陵（今江西吉安、吉水、吉阳、永丰、福安一带地区）谋生。

以后，曾据的后代在江西庐陵繁衍了许多子孙，其中有一个名叫曾孟鲁的，因家贫便外出谋生，流浪到湖南茶陵州（今茶陵县）的西阳乡，"纂溪而家"定居下来。他在这里娶妻生子，子生孙繁衍了后代，因而被称为曾氏迁湖湘的始祖。

到南宋年间，曾据的子孙曾霸，感到茶陵这个地方不宜久住，便带领家人从茶陵迁居到衡阳繁衍了许多子孙，逐渐成为望族。

多年后，在曾霸的后裔中，有一个名叫曾孟学的，此人字少林，于明万历三十年（1602年）九月二十六日生于衡阳大花堰，于清顺治十七年（1660年）率全家迁到衡山白果。

到白果后，在此地刚安居，曾孟学的妻子屈氏因病去世，他带着7个孩子在白果生活了10多年，家境一直不兴旺。在这样的情况下，曾孟学于康熙十年（1671年）带长子曾宏佑、次子曾宏奉，又从白果迁至毗邻的湘乡荷塘二十四都（今属湖南双峰县荷叶镇）。曾国藩便是其后裔。因此，曾孟学被称为曾氏迁湖南湘乡的始祖。

曾孟学携妻带子从衡山白果迁湘乡"卜居定业"后，以勤俭为"子孙恢廓长久之计"，不仅家业日渐丰裕，而且派衍繁盛。曾宏佑在此生6子，其中尤以第四子曾贞桢发展最兴旺。

曾贞桢，号元吉，生于康熙三十三年（1694年），曾国藩称他为太高祖。当时，他在本家族算是有点文化的人，但因家庭贫困，没有致力于学业，也无意于功名，所以毕生从事农业耕作，是湘乡曾氏经济基业的开创者。

曾贞桢也生了6个儿子，其次子名叫曾辅臣，号辅庭，字兴庭，生于康熙六十一年（1722年）正月初三，曾国藩称他为高祖父，他也是一生务农，没有功名。

曾辅臣只生了一个儿子，名叫曾竟希，派名衍胜，字儒胜，别称慎斋，生于乾隆八年（1743年）五月二十三日，系曾国藩的曾祖父。他于嘉庆二十一年（1816年）去世时，曾国藩已5岁。他一生勤俭持家，笃于友爱，但对读书不感兴趣，所以也没有功名。

曾竟希生了5个儿子，其第三子名叫曾玉屏，中年改名为曾星冈，字兴文，生于乾隆三十九年（1774年）正月初八，系曾国藩的祖父。他小时候在曾竟希的督教下勤奋好学，但年龄稍大后，由于家庭比较富裕不愁吃穿，沾染了不少游惰习气。他有书不读，常骑着马到湘潭等地与一些"裘马少年相逐，或日高酣寝"，所以一生学业无成。

曾星冈有 3 个儿子，其长子名叫曾麟书，字竹亭，派名毓济，生于乾隆五十五年（1790 年）十月初九，系曾国藩的父亲。他虽严守曾家"不学为耻"的家训，自幼坚持"困苦于学"，但由于智力"钝拙"，一再应试都落了榜。曾国藩诞生那年，他仍没有功名。

曾国藩还有两个叔叔，其中一个早夭，活下来的叔叔名叫曾骥云，生于嘉庆二年（1797 年）九月二十四日，比曾国藩大 14 岁。他从小爱玩，对事物反应迟钝，在长辈们的眼中，他不是一个会读书的材料，所以对他不抱多大的希望。

从上述情况来看，从曾氏迁湖南湘乡的始祖曾孟学到曾国藩的曾祖父曾竟希这一辈，历时一两百年，几代人都是"累世力家"以耕种为业的农民，没有什么功名，正如曾国藩所说："吾曾氏家世微薄，自明以来，无以学业发明者"，所以"无人与于科目秀才之列"。而他的父亲曾麟书，虽然于道光十二年（1832 年）考取了秀才，开创了其家族有功名的先例，但秀才只是科举的"学生员"，不能说是跨入了仕途的正途，故只能在乡间边当私塾先生边务农养家。

面对上述情况，曾国藩曾反复思考这样一个问题：自己的家世为什么会是这样的呢？他经过认真分析和探究认为，自己的家族之所以没有兴衰好坏，并且过去没有人能跨入仕途的正途，究其原因虽然是多方面的，但主要原因显然是家族的人"不贤不才"。家族的子弟如若"不贤不才，虽多积银积钱积谷积产积衣积书，总是枉然"。而"子弟之贤否，六分本于天生，四分由于家教"。因此，要想家族兴旺，家庭永不衰败，必须重视家庭教育，把家庭教育作为不可忽视的大事来抓。曾国藩正是基于这样的认识，才特别重视家庭教育。

2. 祖父和父亲家训的教导

曾国藩重视家庭教育，还与他的祖父和父亲的家训有密切的关系，可以说是其按照祖父和父亲的教导，才特别重视家庭教育的。为什么这样说呢？

众所周知，曾国藩的祖父曾星冈年轻时不务正业，游手好闲，有书不读。后来，在亲友的指责和教育下，不仅回心转意改变了自我，而且认真总结了自己的人生教训。为了子孙后代不再犯自己过去所犯错误，他以切身体会，提出了"早、扫、考、宝、书、蔬、鱼、猪"等八字家训和以"耕读"为本的家法。这些家训，给曾国藩留下极为深刻的印象。

咸丰十年（1860年）九月二十四日，曾国藩在《致沅弟季弟》的信中，谈到祖父的教导时说："遗训不远，至今尚如耳提面命。"

同治五年（1866年）十二月初六，曾国藩在周家口军营给澄弟写信甚至这样说："吾家代代皆有世德明训，惟星冈公之教尤应谨守牢记。"曾国藩这样讲，足见他对祖父的家训多么重视！

再说父亲家教对曾国藩的影响。曾国藩的父亲曾麟书是长子，所以自幼便受到曾国藩的祖父曾星冈的严格家训，曾星冈指望他学业有成，以便猎取功名光宗耀祖。在父亲的督促下，他虽然学习刻苦用功，但因为智力一般，考运不济，所以连续16次参加童试都"名落孙山"，一直到他43岁那一年第17次应试，才"始得补县学生员"，俗称秀才。在这样的情况下，曾麟书自知才短，决心不再应试，而在家设立"利见斋"塾馆，"发愤教督诸子"。

为了教育好儿子，曾国藩8岁时，曾麟书就让其在自己身边课读，到20岁时，才让其离家到衡阳唐氏家塾去读书。其他几个儿子，也都在他身边接受启蒙教育。

曾麟书对儿辈的家教，不仅善于督导学业，而且重视其思想品德的培养。咸丰元年（1851年）五月十四日，曾国藩在致诸弟的信中说："父亲每次家书，皆教我尽忠图报，不必念系家事。吾敬体吾父之教训，是以公尔忘私，国尔忘家。"

咸丰二年（1852年）七月二十九日，太平天国西王萧朝贵率太平军进入湖南后，先克安仁，第二天克攸县。八月初七，太平军兵临长沙城南十里石马铺。在这样的情况下，曾麟书在家忧心如焚，坐卧不安。当时，曾国藩在京任吏部左侍郎，兼署礼部右侍郎、刑部左侍郎、兵部左侍郎、工部右侍郎，他得知太平军攻入湖南的消息，非常念及家人安危，遂有请假回家探望之意。曾麟书知道后，立即给曾国藩写信说，不要顾及家中小事，应以国家安危为重、为急务。"唯日孜孜尽力供职，以报塞于万一，即是尽孝之道，何必以予夫妻为念而有归省之辞也。"遵循父训，曾国藩没有因太平军攻入湖南请假回家，安心在京办差。

曾麟书在晚年，"深居草野"，并在家中撰一联挂在书房内：

粗茶淡饭布衣衫，这点福老夫享了；

齐家治国平天下，那些事儿曹当之。

曾麟书临终前，还撰有一联勉儿辈：

有子孙，有田园，家风半读半耕，但以箕裘承祖泽；

无官守，无言责，世事不闻不问，且将艰巨付儿曹。

上述祖父和父亲的家训，曾国藩不仅牢记在心，而且深受其影响。以后，他对子孙后代的培养教育，就是按照祖父和父亲家训的教导去做的。因此，曾国藩的家教观，可以说是他对祖父和父亲家训的继承，并力图有所发展。

3.历代帝王家破国亡教训的警告

曾国藩重视家庭教育，还有一个原因：历代帝王家破国亡的历史教训，使他深刻感受到培养、教育好子孙后代的重要性。

众所周知，曾国藩熟读史籍，对中国历代帝王以及将相子孙后代的情况是清楚的。特别是秦王嬴政吞并了"七雄"中的其他六国，建立了天下统一的秦朝后，由于忽视了对儿子的管教，所以只传到儿子二世胡亥时，秦朝便被推翻。时到公元581年，隋文帝杨坚兴起，消灭了南方的陈朝和北方的周朝，建立隋朝，天下重新统一。后来，也是因为忽视了对儿子的管教，所以隋朝便在他儿子杨广的手中失去了。唐朝自高祖李渊武德元年（618年）建国，至唐昭宣帝天祐四年（907年），历22个皇帝，共290年，之所以后被朱温所灭，同样是子孙后代接连出问题的结果。这些帝王家破国亡的历史教训，给曾国藩以警告，使他深刻认识到，培养、教育子孙后代的意义重大，如若忽视这个问题，便会导致家破国亡，因此必须高度重视家庭教育，把子孙后代培养好。

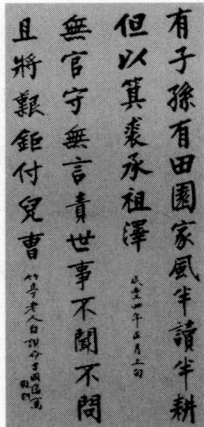

曾国藩书写的竹亭公长联

4. 儒家传统经义的启发

曾国藩熟读儒家经典，对儒家的经义牢记在心。儒家的经义强调"修身、齐家、治国、平天下"，故儒家的经典《礼记》则强调："欲治其国者，先治其家"，"家齐而后国治，国治而后天下平"。曾国藩在儒家这样的经义的影响和启发下，认为不论是谁要"治家"，都必须先"修身"；要"治国平天下"，必须先教育和管束好自己的家庭。基于这样的观念和指导思想，他非常重视家庭教育，并且把儒家崇尚礼治的思想贯穿于家庭教育之中，其家庭教育的内容，没有局限于一家或几个子弟的范围，而是着眼于社会的普遍情况。因此，其家教观，超越了他的家庭和其所处的时代，得到我国各阶级、各阶层人民的普遍认同，产生了广泛的影响。

5. 光耀门庭观念的驱动

曾国藩作为封建社会的权贵，他重视家庭教育，另外一个原因就是光耀门庭观念的驱动，力图创建和谐的家族社会，使家庭不衰败，子孙后代在社会生活中都大有作为，永远光耀门庭。正如他在同治四年（1865年）五月二十五日在《致澄弟沅弟》中所说："吾不望代代得富贵，但愿代代有秀才。秀才者，读书之种子也，世家之招牌也，礼义之旗帜也。"曾国藩以这样的观念和目的重视家庭教育，其家教观，显然不可避免地深受封建社会统治阶级伦理纲常的影响，有许多封建糟粕，具有时代和阶级的局限性。因此，对他的家教观和家教方法不能盲从。

然而从另一方面来说，曾国藩的家教思想和做法，无疑也凝集了中华民族传统家教的许多精华，展现了我国历代家教传统文化的精粹，反映了古今中外许多家庭共同或基本相同的人伦关系及家教要求。因此，曾国藩的家教思想和做法，不仅被旧社会封建士大夫所接受，而且为现代家庭进行家庭教育提供了参考借鉴的范例，故其值得重视和仿效。

第二章

曾国藩对孩子的启蒙教育

德国古典哲学家康德曾说："人只有靠教育才能成人。人完全是教育的结果。"而对人的教育，无疑应当从孩提时期抓起。那么，怎样才能抓好孩子的启蒙教育？曾国藩在当时社会没有幼儿园和正规小学的情况下，是怎样抓好孩子的启蒙教育的？

1．"父当以教为事"

道光十九年（1839年），对28岁的曾国藩来说，是悲喜交加的一年。在这一年的正月二十九日，他年仅8岁的满妹因出痘病亡。过了两天，即二月初一，他的长子曾纪第在世只有1年4个月，也因出痘医治无效死去。然而后来令曾国藩高兴的是，在同年的十一月初二，其次子曾纪泽诞生。

曾纪泽诞生后，曾国藩摆脱悲痛的阴影，心情大变。此时，他想到南北朝时的颜之推在其《颜氏家训》中所提出的"父当以教为事"，想到《三字经》中"养不教，父之过"的名言，他还联想到自己6岁时，祖父和父亲便设家塾聘请一位姓陈的先生教读书认字等情况，心想：作为孩子的父亲，应尽教子之责，像自己的祖父和父亲那样尽早抓好孩子的启蒙教育。基于这样的指导思想，在曾纪泽4岁时，曾国藩就让其入私塾接受良好的启蒙教育。三子曾纪鸿于道光二十八年（1848年）二月二十四日诞生后，同样在很小时即入私塾学习。

2．以传统蒙学读物启蒙

孩子很小就入私塾学习，在私塾读什么书？曾国藩的做法是，以传统蒙学读物对孩子启蒙。

从蒙学读物的品种来说，其中主要的有周秦史官编的《史籀篇》、秦朝李斯编的《苍颉篇》、秦宦官赵高编的《爰历篇》、秦太史令胡母敬编的《博学篇》、汉元帝时史游编的《急就篇》、汉成帝时李长编的《元尚篇》、汉武帝时司马相如编的《凡将篇》、著名文学家扬雄编的《训纂篇》。古代这些蒙学读物，社会公认史游编的《急就篇》是同类读物的最佳者。因此，在古代此读物学童必读。

以后，在魏晋唐宋时期，一些学者和塾师们在《急就篇》的基础上，又编出新的蒙学读物。《千字文》《开蒙要训》《三字经》《百家姓》等，就是那个时期编出的。《千字文》是南朝梁武帝在位时，为启蒙皇子们而让一位名叫周兴嗣的学者编写的。《开蒙要训》，则是唐代人马氏撰写的。《三字经》和《百家姓》都编于宋代。这些读物，都具有训诫和知识性的特点，与周秦两汉时期编写的同类读物比较，可以说是蒙学读物的新品种，从而使我国的蒙学读物构成了一个比较完整的体系。

到明清两朝，编写的蒙学读物更多，其数量可以说超过周秦两汉和隋唐宋元两个时期的总和。明清两朝编写的这些蒙学读物，虽然只是过去同类读物的补充和开拓，并没有根本性的改变，但因为其数量品种多，所以为社会选用提供了方便。

曾国藩生活在晚清社会，当时没有现今社会开办的幼儿园和小学之类的学校，故让孩子入私塾学习，只能选用传统蒙学读物启蒙。通过蒙学读物，使孩子不仅识字、视野开阔，而且学到知识，懂得一些人生哲理。

3．选孩子易懂的读物作为启蒙读本

我国传统的蒙学读物品种很多，其中有的不适合一般学童阅读。例如，明代人程登吉编写的《幼学琼林》、程良友编写的《龙文鞭影》，清末人编写的《时务蒙求》《地球韵言》等，其内容虽然比魏晋唐宋时期编写的蒙学读

物有所开拓，观念有所更新，反映了时代的进步，艺术性也较高，令人耳目一新，但对学童来说，很难弄懂掌握，所以不宜学童阅读。

曾国藩认真分析研究了我国的传统蒙学读物，根据儿子的实际情况，从中挑选了《小儿语》《弟子规》《三字经》《百家姓》《千字文》《朱柏庐治家格言》等，作为孩子的启蒙读本。

这些读本篇幅短小。《小儿语》只有682字，《弟子规》980字，《三字经》1396字，《百家姓》568字，《朱柏庐治家格言》506字，《千字文》顾名思义是1000字，便于学童阅读、接受。

从内容方面来说，曾国藩为孩子选的蒙学读本很实用，没有抽象难懂的道理，所写的都是生活中具体可见的事。例如，《三字经》所讲的孟母择邻、孔融让梨、囊萤映雪、负薪挂角等，都是生动有趣的故事，令学童感到可见、可闻、可领会。《百家姓》取单姓408个，复姓30个，其字都不生僻难认，很适合儿童认字、认姓的要求。

曾国藩为孩子选的蒙学读物还有一个特点，就是不仅用联语，而且多押韵，读来顺口。以《三字经》而论，一般双句押韵，符合诗的传统规律。全篇共55次转韵，平仄通押，比较自由。如开头："人之初，性本善。性相近，习相远。苟不教，性乃迁。教之道，贵以专。"其中"善"属去声的霰韵，"远"属去声的愿韵，"迁"和"专"属下平声的先韵，拿来通押。而《百家姓》也是双句押韵，共12次转韵，72个韵脚，因其韵部较宽，所以读来动听，深受学童喜爱。

然而从另一方面来说，曾国藩为孩子选的蒙学读本，其有许多封建糟粕和陈旧观念。例如，《三字经》中"扬名声，显父母"，"光于前，裕于后"，《朱柏庐治家格言》中"安分守命，顺时听天"等句，都是封建落后思想观念的表达，必然会对孩子的思想产生不良影响。曾国藩作为封建王朝的维护者，赞同封建观念，并且也让孩子有封建思想，对此我们应有正确的认识，做到吸取其精华，去其糟粕。

第三章

曾国藩培养、教育孩子的方法

孩子的情况有多样性，其性格、接受能力、兴趣爱好等各不相同，因此，要培养、教育好孩子不能简单化，必须讲究方法。那么，曾国藩是采取什么样的方法培养、教育孩子的？这个问题对广大家长来说，是很有必要了解的。

1.因材施教

南宋理学家、教育家朱熹在《四书集注》中说："圣人施教，各因其材，小以成小，大以成大，无弃人也。"意思就是说，圣人施行教育，都是根据被教育者不同的资质和才能有针对性地进行的，对资质低和才能小的就培养成低一级的人才，对资质高和才能大的就培养成高一级的人才。总之，不论被教育者是怎样的情况，都可以培养成对社会有用的人才，不应视其为不堪造就的可遗弃的人。曾国藩熟读"四书"，他培养、教育孩子，正是按照朱熹所说对子孙后代因材施教的。

曾国藩的次子曾纪泽诞生后体弱多病。道光二十年（1840年）四月，曾纪泽随母和祖父在北京南横街千佛寺内居住时，病情更加严重。道光二十一年（1841年）五月，曾纪泽1岁6个月时，病情仍无好转。曾国藩面对这种情况，"因儿患病，时时惶惧"，其妻便"跪许装饰家中观世音菩萨金身，祈菩萨保佑"。曾纪泽小时候因经常这样患病，所以精神不佳，记性不好。针对这样的情况，曾纪泽4岁入塾馆读书后，曾国藩让塾师对其不强求读书太多，"每日点五六百字，教一遍，解一遍，令其读十遍而已，不必能背诵也"。

而曾纪鸿小时候很少生病，并且自幼聪明过人，悟性和记性都特好。根据这样的情况，曾纪鸿于咸丰四年（1854年）6岁时正式发蒙读书后，曾国藩对其提出与对曾纪泽不同的要求，不仅让曾纪鸿多读书，而且规定时间让其背诵《三字经》《百家姓》等蒙学读物，以强化其记忆力。曾纪鸿长大成人后在数学上能取得巨大成就，将圆周率推算到小数点后 100 多位，与他小时候受的启蒙教育和父亲的教导，显然有很大的关系。

2. 从小事入手

对孩子的培养教育，许多家庭不知道从哪里入手。曾国藩根据孩子年幼的特点，从日常生活小事入手抓起。咸丰四年（1854 年）八月，他在《致诸弟》中说："子侄除读书外，教之扫屋、抹桌凳、收粪、锄草，是极好之事，切不可以为有损架子而不为也。"

曾国藩对子侄为什么强调要教之扫屋等小事呢？众所周知，诸葛亮曾说："大事起于难，小事起于易。"又说："图难于其易，为大于其细。"其意思就是说，大事情开始困难，小事情开始容易。要解决困难的问题，应先从容易的地方入手；做大事情，应先从较细微的小事做起。

曾国藩也是这样认为的。他在《致吴竹如》一文中曾说："天下事当于大处着眼，小处下手。"曾国藩对子孙后代的培养教育，正是基于这样的认识，所以提出对子侄要"教之扫屋、抹桌凳"。

3. 言传身教

曾国藩培养、教育子孙后代，还常用言传身教的办法。其言传，不仅一再当面口头教导，而且通过书信教育子孙。史籍记载，他自道光二十年（1840 年）二月初九至咸丰四年（1854 年）五月二十日，给祖父、母亲和叔父母共写信 76 封；自道光二十二年（1842 年）九月十八日至同治十年（1871 年）十一月十七日，给诸弟写信 1153 封；自咸丰二年（1852 年）七月二十五日至同治十年（1871年）十月十一日，给儿子曾纪泽、曾纪鸿共写信228封。总计共有1457封家书，其中有大量如何教育子孙的主张和要求。

除此，曾国藩还采取身教的形式教育子女，坚持以自己的言行影响孩子。凡要求孩子必须做到的，他先自己做到。例如，他教育子女生活要俭朴，饭菜不能过分丰盛，更不能浪费；衣服不能过分华丽，主张穿家织的土布衣。他以身作则，先做出榜样。据说他每顿饭通常只有一个菜，"决不多设，虽身为将相，而自奉之啬，无殊寒素"，因此，被时人谐称为"一品宰相"。吃饭时，如若在饭中发现有带壳的谷时，他从不将其一口吐在地上，而是用牙齿剥开谷壳吐掉，将米吃了。在穿衣方面也很简朴，不穿绸帛衣。一件天青缎马褂，是曾国藩最好的衣服。这件衣服，只在新年和举行重大庆典时才穿在身上，因此穿了三十年依然犹如新衣。对他这种做法，有人感到不理解，便问曾国藩为什么这么节俭。曾国藩回答说："古语云，衣不如新，人不如故。然吾观之，衣亦不如故也，试观今日衣料，有如当年之精者乎？"曾国藩升任两江总督时，其衣服、鞋袜仍由夫人和儿媳、女儿制作。在他的影响下，全家人吃饭、穿衣和起居生活都非常俭朴。

4. 请老师课外辅导

作为父母，在家辅导孩子学习常会因知识有限感到无能为力、大伤脑筋，不知怎么办好。曾国藩在对孩子进行家教时也遇到这样的情况。

咸丰十一年（1861年）七月十六日，咸丰皇帝逝世，同治皇帝即位，慈禧太后垂帘听政后，清朝的实权掌握在以慈禧为首的"中外友好"派手中。面对外国列强的入侵和挑衅，清政府实行以和为主、保持中外和局的政策。

在同治年间，朝廷颁布了一系列诏书，要求地方军政官员学习西方科学技术，并且把学习和模仿西方作为"救国"的急务。当时将其称为"自强"运动，史称"洋务"运动。在这样的社会背景下，曾国藩为了让曾纪泽和曾纪鸿适应社会的发展变化，符合清政府的要求，以便立足社会有美好的前程，所以很希望其努力学习和掌握西方科学技术。

而西方科学技术对曾国藩来说，他一窍不通，正如他在咸丰八年（1858年）八月二十日在《谕纪泽》中所说："学问各途，皆略涉其涯矣，独天文算学，毫无所知。"基于这样的情况，他很想辅导儿子学习西方科学技术，却无能为力，那么，怎么办呢？曾国藩的做法是，自己不懂，就请专家课外辅导。

咸丰十一年（1861年）八月一日，曾国藩为了准备攻打天京，于十一月在安庆筹建了军械所，利用土法仿造了一些洋枪炮。同治元年（1862年）七月，为了仿造出西洋的军舰，以便扩建湘军水师，曾国藩又从广东、浙江等地，请来李善兰、华蘅芳、徐寿等许多当时中国一流的科学家。这些科学家，不仅通晓中国传统的科学、制造学等知识，而且对西方的当代数学、物理学和化学也很了解，并且有一定的深入研究。曾国藩乘此机会，请这些科学家教曾纪泽和曾纪鸿学英语，讲授数、理、化知识。通过他们的辅导，纪泽和纪鸿学到了许多西方科学知识。

第四章

曾国藩对孩子的品德教育

　　人生在世，美好的品德无疑是事业的根基，也是生活幸福的基础。因此，曾国藩对子孙后代非常重视品德教育。在这方面，曾国藩的许多做法很值得广大家长学习。

1 . 按照岳麓书院的道德规范教育子孙

道光十三年（1833 年）春，曾国藩参加县试中了秀才。第二年，入长沙岳麓书院就读。该书院是中国最古老的四大书院之一。据史书记载，岳麓书院是湖南潭州太守朱洞于北宋开宝九年（976 年）所创建的。如若从南宋淳祐年间岳麓书院山长欧阳守道的记述来看，岳麓书院的创始时间可推到唐末五代。

从岳麓书院的办学性质来看，该书院虽非官学，但从创办起就受到官府的支持，因此也具有某些官办性质。后来历代重兴，多由地方官员主持，从而形成了岳麓书院办学的传统和特点。

从办学的方针和指导思想来看，该书院以实现道德人格教育和培养经纪济民人才为目的。因此，在教学上重视公私义利之辨，强调"传道""求仁""率性立命"，并注重道德践行。为了敦品励行，书院还制订了道德行为规范，要求学子必须自觉遵守。

曾国藩在书院这样的氛围中学习深造，他对品德教育有了进一步深刻的认识。以后，他对子孙后代进行品德教育，其中许多做法，就是按照岳麓书院制订的道德行为规范去做的。

2 . 学宗朱子教导子孙"以修身为本"

朱熹，是中国文化史上的一位巨人，是我国封建时代影响极为深远的杰出思想家、哲学家和教育家。南宋乾道三年（1167 年），张栻在岳麓书院任主讲时，朱熹从福建到岳麓书院交流学术，史称"朱张会讲"。

朱、张两位理学大师在岳麓书院的会讲，既有学术讨论的特色，又有学术交流的成效，在客观上促进了闽学与湖湘学的交流和融合，并促使以岳麓书院为基地的湖湘学派融合众学派之长，形成岳麓书院办学的新特色，因而成为岳麓书院历史上的盛事。元代理学家吴澄在《重建岳麓书院记》中称："自此之后，岳麓之为岳麓，非前之岳麓矣！地以人而重也。"

除此，朱熹在岳麓书院留下了许多珍贵资料。他手书的"忠孝廉节"，明代保留在岳麓书院的尊经阁，清道光年间刻于讲堂。朱熹与张栻在岳麓书院的唱和，如《赋答南轩》等诗作的手迹，也在清代刻于石碑上。此外，朱熹当年在"道乡台""翠微亭"的题额和"极高明""道中庸"的手书，都被后人保留。岳麓书院门前的"赫曦台"和湘江岸边的"朱张渡"，也都是后人为纪念其会讲而立名的。岳麓书院的许多文化积淀，可以说是朱熹和张栻思想的蕴发。

道光十四年（1834年），曾国藩入学岳麓书院后，因"困知勉行，立志自拔于流俗"，自然对朱熹和张栻非常景仰。朱熹和张栻的思想和学识，给曾国藩以深刻的影响。以后，曾国藩在仕途上奉宗程朱，并且以朱熹为宗，将其思想和学识作为人生的路向，表现出与朱熹难解的情结。

朱熹在论述人生理念时曾说："臣闻《大学》之道，自天子以至庶人，壹是以修身为本，而家之所以齐，国之所以治，天下之所以平，莫不由是出焉。"其意思就是说，一个国家，从国君到普通老百姓，都应当以品德修养为本，而管理好家庭，治理好国家，使天下太平，无一不是因重视人的品德修养。

曾国藩对朱熹这样的人生理念非常赞赏，所以他不仅按照朱熹的主张对家中的子弟一再强调要重视品德修养，而且把品德修养视为人生的根本。基于这样的认识，他于道光二十二年（1842年）九月十八日在《致诸弟》中说："吾辈读书，只有两事：一者进德之事，讲求乎诚正修齐之道，以图无忝所生；一者修业之事，操习乎记诵词章之术，以图自卫其身。"

道光二十四年（1844年）八月二十九日，他又说："吾人只有进德、修业两事靠得住。进德，则孝弟仁义是也；修业，则诗文作字是也。"由此可见他是多么看重品德修养！

3．以唐鉴、倭仁修身之道教导后代

纵观曾国藩读书治学的情况，他在道光二十一年（1841年）以前，主要着意于经史和古文的研读。而其致力于理学，可以说是从阅读《朱子全集》（又称《朱子全书》）开始的。

《朱子全书》，是朱熹集宋代理学之大成，吸收中国历史上许多学派的思想，继承和发展孔子所创立的儒家学说的一部著作。道光二十一年（1841年）七月十一日，曾国藩在北京从琉璃厂书市买了一套《朱子全书》，便在家中认真阅读。然而读了以后，他感到一时难得门径。那么，怎样才能研读好此书呢？对这个问题，他冥思苦想，仍不知如何办好。后来想到在京城士林中颇有声望的同乡长辈唐鉴，便于七月十四日登门去求教。

唐鉴，字镜海，湖南善化（今长沙）人。嘉庆十四年（1809年）进士，后授翰林院检讨，历任广西乐平知府，山西按察使，贵州、浙江布政使。道光二十年（1840年），由江宁藩司调京任太常寺卿。因其"潜研性道，崇尚洛、闽诸贤，著《学案小识》，治朱子学有显著成就，被称为理学大师和"传

道之首"，故受到道光皇帝高度赞赏。

曾国藩登门向唐鉴求教时，唐鉴讲述了"检身之要、读书之法"，告诉曾国藩：理学是一门理论修养与具体实践相结合的学问，而理学的精华集中在《朱子全书》，故对此书必须熟读，不能作为浏览之书随便翻翻了事。

唐鉴还说，《朱子全书》是修身的典籍。而要修身必须坚持"日课"，自觉根据《朱子全书》的宗旨和要求"检身"。"检身"最好的办法，就是记日记。记日记就是照自我，一定要诚实无欺，连最丑的私心也要写出来，最丑的事也不要漏记。这样天天"检身"，就会逐渐达到圣贤的境地。

说到做"日课检身"，唐鉴认为，时贤在这方面用功最笃实的，首推倭仁。倭仁，字艮峰，蒙古正红旗人。道光进士，后授翰林院编修，升至大理寺卿、侍讲大学士。此人有一个突出的特点，就是每天都把自己的言行，包括思想行为不合乎义理的，如实记载下来，以期自我纠正。对倭仁这种做法，唐鉴非常赞赏，故向曾国藩推荐。

道光二十二年（1842年）十月初一，曾国藩根据唐鉴的推荐，登门拜访了倭仁。倭仁告诉曾国藩："'研几'工夫最要紧，颜子之有不善，未尝不知，是研几也。周子曰：'几善恶。'《中庸》曰：'潜虽伏矣，亦孔之照。'刘念台先生曰：'卜动念以知几。'皆谓此也。失此不察，则心放而难收矣。"

倭仁在此论述中所说的"几"，就是思想或事物发展过程中刚刚露出的苗头。所谓"研几"，就是抓住这些苗头加以认真研究，以便发现其发展趋势和利害关系。

通过"研几"，发现了思想和事物的发展趋势和利害关系怎么办呢？倭仁又教曾国藩"克己之法"，就是"写日课，当即写，不宜再因循"。具体说就是通过静坐沉思、写札记等自省办法，以理学观念为指导，将一切不好的私心杂念消灭在微露苗头之时，使自己的思想沿着圣人、贤人所要求的方向发展，从而提高思想和道德水平，具有高尚的品德。

曾国藩在唐鉴和倭仁的教导、启发下，按照唐鉴和倭仁的指教，把读书与写修身日记结合起来，思想观念大改变，的确提高了道德水平，因而有深刻的体会。

曾国藩根据自己的切身体会，在对子孙进行品德教育时，同样强调写修身日记。其子孙通过写修身日记，反省了思想行为，以修身、齐家、治国、平天下的观念，检点、克制私欲杂念，因而都有很好的品德，受到社会的高度赞誉。

4．"以忠恕教子"倡导传统伦理道德

曾国藩作为一个饱读经史、深受儒家传统文化熏染的封建士大夫，"三纲五常"的观念在他的心目中无疑占有非常重要的分量。因此，他在家教时曾说："以忠恕教子，要令后辈洗净骄惰之气，各敦恭谨之风，庶几不坠家声耳。"

曾国藩这样讲，显然是深受孔孟之道的影响，其用心是为了维护和弘扬传统的伦理道德。为什么这样讲呢？众所周知，在孔子的道德体系里，智、仁、勇是三种最高的道德，在此基础上推广开来，便形成了礼、孝、悌、忠、恕等内容。后来，孟子把仁、义、礼、智作为四种基本道德，并发展为"五伦十教"，即所谓"君惠臣忠、父慈子孝、兄龙弟恭、夫义妇顺、朋友有信"的人际关系法则。再到后来，董仲舒对其进一步发挥，便形成了对封建社会

影响深远的"三纲五常"观念。

"三纲五常",简称为"纲常",是封建君王专制制度赖以维系的精神支柱。所谓"三纲",即为"君为臣纲,父为子纲,夫为妻纲";"五常"则为"仁、义、礼、智、信"。在这样的观念的指导下,中国几千年以来都把忠臣孝子视为道德楷模。

曾国藩崇尚孔孟之道,忠臣孝子的思想在他的心中可以说根深蒂固。因此,他极力推崇"忠义"二字,曾说:"吾辈所以忝窃虚名,为众所附者,全凭忠义二字。不忘君,谓之忠;不失信于友,谓之义。"也就是说,在曾国藩的眼里,所谓"忠",就是忠于君主。因为他认为君主就是国家,国家就是君主,忠于君主,就是忠于国家和民族。在这样的观念的指导下,他严格以"尽忠报国"来约束自己的言行,并且信奉"君虽不仁,臣不可不忠"。也就是说,他认为作为大清王朝的臣子,不论君主怎么样,是否信任自己,是否重用自己,臣子对君主都必须忠心耿耿。正是靠着这一点,曾国藩作为一个汉族子弟才得以取得清政府的信任,从一个帮办地方团练的编外人员逐步登上封疆大吏的显赫地位,手中握有军事、财政、行政大权,其势遍布东南半壁江山,用"权倾朝野"四个字来形容一点也不为过。

曾国藩随着官位的升高和社会影响的扩大,他的尽忠观念更加强烈,不仅要求自己做到"忠君敬上",而且要求幕僚以及后代都尽忠报国。为此,他写了一副对联贴在故乡的家中:"入孝出忠,光大门第;亲师取友,教育后昆。"

曾国藩所谓的"忠",显然局限于非理性的范围,可以说是"愚忠"。但他"以忠恕教子"倡导传统道德,在一定意义上有助于其后代加强品德培养。他的子孙后代也正是按照他的倡导去进行品德培养的。

5．力促子孙磨炼"诚心"追求人的最高品质

唐代文学家韩愈说："欲修其身者，先正其心；欲正其心者，先诚其意。"因为"修学不以诚，则学杂；为事不以诚，则事败"。"诚者，天之道也；思诚者，人之道也。"曾国藩也是这样认为的。

他曾说："吾辈总以诚心求之，虚心处之。心诚则志专而气足，千磨百折而不改其常度，终有顺理成章之一日；心虚则不动客气，不挟私见，终可为人共亮。"还说，对晚辈"更望于'诚心'二字加以磨炼则无室不通矣"。

基于这样的理念，曾国藩对子孙后代进行品德教育时，还力促其磨炼"诚心"，并且把诚实视为人生的最高品质。为了使其有诚实的品质，曾国藩对子孙不仅言教，而且以身作则以行动影响子孙。其表现可用以下两件事来说明：

咸丰元年（1851年）五月，曾国藩奉旨升授礼部右侍郎，兼署兵部右侍郎，兼署工部右侍郎，又兼署刑部左侍郎后，"闻人言刑部同堂诸君子"，疑他去年所上折有参劾刑部之言，因而招致刑部许多人的不满和指责。其实，他所上的折，其中没有一句参劾刑部的话，对他的指责纯属无中生有。而曾国藩面对这种情况，并没有埋怨情绪，经过反思他认为："苟我素以忠信待人，何至人不见信？苟我素能礼人以敬，何至人有慢言？"其意思就是说，如若自己平时经常以诚信待人、以礼敬人，便会得到大家的信任，别人就不会说三道四对自己持指责态度了。以后，他为人处世"以诚换诚"，因而受到同僚的称赞。

曾国藩在青年时期性情暴躁，跻身仕途当官后，对仆人非常严厉，经常

表现出居高临下的气势。在他早年的日记中，有许多责骂仆人的记载。其中记有这样一件事：曾国藩当京官时盛气凌人，在家中对仆人态度蛮横，不仅每天一再呼来喝去，而且经常高声责骂。有一个仆人名叫陈升，对曾国藩蛮横的态度很反感。有一天，他受到曾国藩的责骂难以忍受，便不辞而别离开了曾家。这个仆人出走后，许多家务活没人搞，使曾国藩大伤脑筋。家中生活的忙乱情况使他感受颇深，于是他深刻检讨自己，并且写了一首《傲奴》诗表达感想：

傲　奴

君不见萧郎老仆如家鸡，十年笞楚心不携！

君不见卓氏雄资冠西蜀，颐使千人百人伏！

今我何为独不然？胸中无学手无钱。

平生意气自许颇，谁知傲奴乃过我！

昨者一语天地睽，公然对面相勃磎。

傲奴诽我未贤圣，我坐傲奴小不敬。

拂衣一去何翩翩！可怜傲骨撑青天。

噫嘻乎，傲奴！安得好风吹汝朱门权要地，

看汝仓皇换骨生百媚！

以后，曾国藩于道光二十二年（1842年）十一月十七日，在致诸弟的信中又谈到仆人陈升不辞而别的情况以及自己对这件事的感想。他说：

门上陈升一言不合而去，故余作傲奴诗。现换一周升作门上，颇好。余读《易·旅卦》"丧其童仆。"象曰："以旅与下，其义丧也。"

解之者曰："以旅与下者，谓视童仆如旅人，刻薄寡恩，漠然无情，

则童仆亦将视主上如逆旅矣。"余待下虽不刻薄，而颇有视如逆旅
之意，故人不尽忠。以后余当视之如家人手足也，分虽严明而情
贵周通。贤弟待人亦宜知之。

　　曾国藩这样写，说明他深刻认识到，仆人陈升之所以不辞而别，是自己"视
童仆如旅人，刻薄寡恩，漠然无情"造成的，故仆人对主人"不尽忠"。以后，
他对仆人改变态度，"视之如家人手足"，以诚相待，并且要求子弟都这样做，
故换来仆人对曾家的忠心。

　　光绪二十六年（1900 年），英、法、俄、日、德、美、意、奥组成八国
联军发动侵华战争，六月二十日攻陷北京后，到处烧杀抢掠无恶不作，曾国
藩的子孙也深受其害。其子曾纪泽所生的第二个儿子曾广銮，当时承袭一等
毅勇侯爵，不仅家中的财产被八国联军抢劫一空，而且守护家宅的四个仆人
因护家而被杀。曾纪鸿的三子曾广镕，在八国联军发动侵华战争时，任刑部
员外郎，家中的财产也被侵华联军抢掠，但因有一位贺姓女仆怀着对主人的
忠心，心生一计，将曾广镕家中的金银等贵重财物打成包裹，化装成难民冒
着生命危险将其带出逃离，故曾广镕家没有遭受重大损失。

　　1912 年 1 月，清帝退位结束清朝统治，中华民国建立后，曾国藩家族
不再如往日之盛，子孙后代流散各地，曾家在本乡的财产均由仆人看管。同
治八年（1869 年）十二月，曾国藩根据曾纪泽的建议，在家乡富厚堂正宅
的南边建了两座相连的藏书楼。最南端的名为"求阙斋"书楼，收藏曾国藩
的图书。此书楼是一座长 42 米、宽 9 米、面积 1100 余平方米的三层建筑物。
另一座名为"归朴斋"书楼，其面积 400 多平方米，是三层八角楼式建筑，
在其中收藏曾纪泽的图书。过去，湖南虽然几经战乱，但因为看守这两座书

藏书楼外景

楼的老仆人对曾家尽心尽力，几十年如一日认真负责，并且夜以继日地守护，所以楼中收藏的图书丢失很少。新中国成立后，曾氏书楼的图书被湖南图书馆接收，为以后研究曾国藩和晚清社会保存了可供选用的最翔实的史料。现在许多专家、学者有关曾国藩的图书，就是根据湖南图书馆所收藏的曾国藩的史料撰写的。试想，当年看护曾国藩书楼的老仆人如若不日夜精心守护，大量有关曾国藩的史料是不可能保存和流传下来的。

上述曾家两位仆人的情况说明，人生在世，具有诚实的品质，在社会生活中以诚换诚，对个人和家庭以及社会都是大有益处的。

第五章

曾国藩对孩子读书治学的教导

　　曾国藩酷爱读书，他培养子孙后代，在重视品德教育的同时，也非常关心其读书治学。那么，他是怎样教育孩子读书治学的？其指导思想和做法是怎样的？本章的内容，就是论述这方面的情况。

1. 教子读书的指导思想

作为家长，让孩子读书首先碰到的问题就是孩子不知道为什么要读书。为了让人们知道读书的重要性，宋朝皇帝宋真宗赵恒曾亲自作《劝学文》。文曰：

> 富家不用买良田，书中自有千钟粟。安居不用架高堂，书中
> 自有黄金屋。出门莫恨无人随，书中车马多如簇。娶妻莫恨无良媒，
> 书中自有颜如玉。男儿欲遂平生志，六经勤问窗前读。

宋真宗皇帝的《劝学文》，经过历代士人的消化、提炼、再创作，改写成："书中自有黄金屋，书中自有千钟粟。书中自有颜如玉，书中车马多如簇。书中自有情与理，书中自有天与地。"

以后，《劝学文》又流变成为通俗易懂、朗朗上口的五言绝句："朝为田舍郎，暮登天子堂。将相本无种，男儿当自强。""天子重英豪，文章教尔曹。万般皆下品，惟有读书高。"

曾国藩作为封建社会的权贵，对宋真宗这样的"劝学"思想，必然会深受其影响。然而如若深入探究曾国藩教子读书治学的指导思想，与宋真宗的"劝学"思想加以比较，则可发现两者有明显的不同。

道光二十二年（1842年）九月十八日，曾国藩在致诸弟的信中说："吾辈读书，只有两事：一者进德之事，讲求乎诚正修齐之道，以图无忝所生；一者修业之事，操习乎记诵词章之术，以图自卫其身。"

道光二十四年（1844年）八月二十九日，他又说："吾人只有进德、修

业两事靠得住。……修业，则诗文作字是也。……修一分业，又算余了一文钱。德业并增，则家私日起。"其意思就是说，读书的目的，是为了进德和修业这两件靠得住的人生大事。而要修业，无疑必须刻苦读书。通过读书搞好学业，既可以"自卫其身"，又可以使"家私日起"，也就是可以逐渐发家致富。

曾国藩有这样的观念，他教子读书的目的只是为了发家致富吗？不是的。道光二十九年（1849年）四月十六日，他在致诸弟的信中说："教诸弟及儿辈，但愿其为耕读孝友之家，不愿其为仕宦之家。"还说："所贵乎世家者，不在多置良田美宅，亦不在多蓄书籍字画，在乎能自树立，子孙多读书，无骄矜习气。"

咸丰六年（1856年）九月二十九日，曾国藩在《谕纪泽》中说："凡人多望子孙为大官，余不愿为大官，但愿为读书明理之君子。"

从上述曾国藩所讲的话来看，他教子读书的目的，主要是把读书作为立家之本，让子弟通过读书明白做人的道理，以便长大成人后，人人自立"无骄矜习气"，成为品德高尚，有知识有文化，对社会有重大贡献的人。

在曾国藩这样的指导思想的教导下，他的子孙后代不仅都喜爱读书，而且目的明确，力求通过读书缔造美好的人生，所以都是好样的。

2．激发读书的情志

曾国藩的子孙长于富贵之家，生活环境优越。在学校读书，听不到同学们鄙视或讥笑的话语，看不到教师指责或苛教的愠容，即使有不好好读书的行为表现，学习成绩很差，也不会有人责备和督促改正。曾国藩认为，孩子在这样的情况下读书，势必会虚度时光，没有上进心，同时也会缺乏读书的自觉性，不可能有好的学习成绩。

曾国藩回顾自己的治学经历，深刻体会到，人生由立志而始。不论是谁要想成人成事，都必须以立志为人生之本。因此，古代圣贤都非常重志，视志为人生不可缺少的精神因素。孔子曾说："三军可夺帅也，匹夫不可夺志也。"孔子还要求人们自觉"志于道"，强调志为人之价值所在，倡导志与道相通相守的思想。

以后，许多文化名人对孔子"志"的思想又有了进一步的发挥和阐述。北宋文学家苏轼说："古之立大事者，不惟有超世之才，亦必有坚韧不拔之志。"明代大儒王阳明认为："夫志，气之帅也，人之命也，木之根也，水之源也。源不浚则流息，根不植则木枯，命不续则人死，志不立则气昏。"又说："志不立，天下无可成之事。……志不立，如无舵之舟、无衔之马，漂荡奔逸，终亦何所底乎！"

曾国藩作为中国传统文化的集大成者和儒家道德承担的自任者，对"志"的含义和重要性同样有深刻的认识。道光二十二年（1842年）十二月二十日，他曾说："盖士人读书，第一要有志，……有志则断不甘为下流。"

同治二年（1863年）十二月十四日，曾国藩说："凡将相无种，圣贤豪杰亦无种，只要人肯立志，都可以做得到的。"

针对家中子弟以客观环境、时间等原因为借口不专心读书的情况，曾国藩说："苟能发奋自立，则家塾可读书，即旷野之地、热闹之场亦可读书，负薪牧豕，皆可读书；苟不能发奋自立，则家塾不宜读书，即清净之乡、神仙之境皆不能读书。何必择地？何必择时？但自问立志之真不真耳！"也就是说，对读书只要发奋、真正立志，不论在什么地方、什么时间，都能读好书，把学业无成归罪于客观原因，显然是错误的。

在曾国藩这样的教导下，他的子孙都有志于学，怀着雄心大志刻苦读书，因而都学业有成，成为社会的杰出人才。

3.强调读书有恒

曾国藩教子读书还强调有恒，因而他认为："学问之道无穷，而总以有恒为主。"其意思就是说，对学问的追求是没有穷尽的，要学业有成，必须持之以恒。

咸丰九年（1859 年）六月十四日，曾国藩在《谕纪泽》中说："尔读书记性平常，此不足虑。所虑者第一怕无恒……"

咸丰九年（1859 年）十月十四日，为了让儿子深刻认识读书有恒的重要性，曾国藩向曾纪泽谈了自己的人生教训。他说："余生平坐无恒之弊，万事无成。德无成，业无成，已可深耻矣。逮办理军事，自矢靡他，中间本志变化，尤无恒之大者，用为内耻。尔欲稍有成就，须从有恒二字下手。"

同治元年（1862 年）四月二十四日，他在《谕纪泽纪鸿》中，更深刻和具体地谈了自己的经验教训。他说："人之气质，由于天生，本难改变，惟读书则可变化气质。古之精相法（者），并言读书可以变换骨相。欲求变之之法，总须先立坚卓之志。即以余生平言之，三十岁前最好吃烟，片刻不离，至道光壬寅十一月二十一日立志戒烟，至今不再吃。四十六岁以前作事无恒，近五年深以为戒，现在大小事均尚有恒。即此二端，可见无事不可变也。尔于厚重二字，须立志变改。古称金丹换骨，余谓立志即丹也。"

那么，怎样才能使孩子立志于学并持之以恒呢？曾国藩于同治四年（1865

年）七月十三日在《谕纪泽》中又教导儿子说："望尔等于少壮时，即从有恒二字痛下工夫。然须有情韵趣味，养得生机盎然，乃可历久不衰。若拘苦疲困，则不能真有恒也。"其意思就是说，读书要学业有成，在少壮时就应该"从有恒二字痛下工夫"，但不要做无趣的死功夫。如若枯燥、被动地在"拘苦疲困"的情况下读书学习，是难以持久的。因此，读书必须讲究科学性，遵循读书治学的规律，对读书有"情韵趣味"，才能真正做到持之以恒。曾国藩的子孙，正是按照曾国藩这样的教导读书治学的，所以他们对读书都有恒心和毅力，学习成绩都非常优异。

4.倡导读书专而精

对孩子读书治学，不仅要教导其立志于学和有恒心，而且还必须倡导专而精。因为读书治学如同万壑争流，而人的学习精力有限，读书如若见异思迁，今天喜欢读这样的书，明天喜欢读另一类书，显然不可能学业有成，因此必须专而精。基于这样的认识，曾国藩于道光二十四年（1844年）正月二十六日在家书中说："凡事皆贵专。求师不专，则受益也不入；求友不专，则博爱而不亲。心有所专宗，而博观他途以扩其识，亦无不可。无所专宗，而见异思迁，此眩彼夺，则大不可。"

查阅《曾国藩全集》，在其中可看到许多这样倡导读书要专的论述。例如，道光二十三年（1843年）正月十七日，曾国藩在家书中说："穷经必专一经，不可泛骛。读经以研寻义理为本，考据名物为末。读经有一耐字诀。一句不通，不看下句；今日不通，明天再读；今年不精，明年再读。此所谓耐也。……若夫经史而外，诸子百家，汗牛充栋。或欲阅之，但当读一人之专集，不当东翻西阅。如读昌黎集，则目之所见，耳之所闻，无非昌黎。以为天地间，除昌黎集而外，更别无书也。此一集未读完，断断不换他集，亦专字诀也。"

道光二十三年（1843年）六月初六，曾国藩谈作诗训练时说："学诗从《中州集》入亦好。然吾意读总集，不如读专集。此事人人意见各殊，嗜好不同。吾之嗜好，于五古则喜读《文选》，于七古则喜读昌黎集，于五律则喜读杜集，七律亦最喜杜诗，而苦不能步趋，故兼读元遗山集。吾作诗最短于七律，他体皆有心得，惜京都无人可与畅语者。尔要学诗，先须看一家集，不要东翻西阅。先须学一体，不可各体同学。盖明一体，则皆明也。"

曾国藩对读书治学这样强调"专精"，是否不主张博学呢？不是的。从其论述来看，其中显然也指出了专与博的关系，即在专长的基础上去扩大知识面。特别是曾国藩在封建社会深受儒家教育影响，而儒家教育可以说是一种"通才"教育，故从修身到齐家到治国，几乎各个方面的知识都必须涉猎。入仕跻身官场，从一个儒家出身的知识分子成为治国理班的官员，如若知识面狭窄，学业"单打一"，显然是不行的。因此，曾国藩于道光二十一年（1841年）任京官后，花费许多时间和精力系统研读了中国历代政事典籍，并将关系到治国安邦大计的学问归为14类："曰官制，曰财用，曰盐政，曰漕务，曰钱法，曰冠礼，曰婚礼，曰丧礼，曰祭祀，曰兵制，曰兵法，曰刑律，曰地舆，曰河渠。"

曾国藩归纳的这14种学问，显然并非完全是现代意义上的学科，但其内容涉及政治、军事、财政、水利、商务、运输、税收、法律、地理、民俗等许多方面，如若欲弄清与其有关的问题，无疑必须阅读大量书籍。由此可见，曾国藩强调读书要"专精"，并不是否定博学，而是主张读书治学应在专长的基础上力求博学。后来，他的子孙正是按照他的教导去读书治学的，所以，都有专长，都受到社会的赞誉。

5.主张读写结合

曾国藩教导儿辈读书治学，还主张读写结合。因为他认为，做学问如若只读书而不动笔写作，就难以精通所读之书的含义。读写结合，才能加深对所读之书的理解，将书中的词汇、构思等学到手。因此，他曾说："读书之法，看、读、写、作，四者每日不可缺一。"

曾国藩提出的"看"，主要指广阅博览。他认为，《史记》《汉书》《韩文》《近思录》之类的书都应该看；他所谓的"读"，就是朗读。他认为，读"四书"《诗经》、《易经》、《左传》诸经典和《昭明文选》、李杜韩苏之诗、韩欧曾王之文等，"非高声朗诵则不能得其雄伟之概，非密咏恬吟则不能探其深远之韵"。曾国藩根据自己读书的切身体会，把"看"和"读"的关系形象地比喻成："譬之兵家战争，看书则攻城略地，开拓土宇者也，读书则深沟坚垒，得地能守者也。看书如子夏之'日知所亡'相近，读书与'无忘所能'相近，二者不可偏废。"

曾国藩所说的"写"，指的是写字。要求儿辈在读书治学时坚持写字，而且既要求好，又要求快，以便促进读书的才思和提高文化素养。他提出所谓"作"，即作诗文。要求对四书文、试帖诗、律赋、古今体诗、古文、骈体文，"一一试为之"，并且说："少年不可怕丑，须有狂者进取之趣，过时不试为之，则后此弥不肯为矣。"

曾国藩要求其子孙读书治学看、读、写、作四者不可缺一，在他这样的要求和教导下，他的子孙们自觉地把看读与写作相结合，因而在多方面都取得可喜的成绩，为以后在社会上展现身手，打下了坚实的文化基础。

6.督促检查功课

曾国藩教育子孙读书治学，还有一点值得广大家长学习，就是他在非常繁忙的情况下，不仅经常过问孩子的读书治学情况，而且亲自为其规定功课，并且经常督促检查。

例如，咸丰二年（1852年），曾国藩的"植弟"考虑到曾国藩的儿子曾纪泽已13岁，为了应试科举，便给曾国藩写信，劝其教曾纪泽学写八股文。曾国藩收到信后，于正月初九回复说："植弟劝我教泽儿学八股，其言甚切至有理，但我意要《五经》读完始可动手。计明年即可完经书，做时文尚不过满十四岁，京师教子弟十四岁开笔者甚多。若三年成篇，十七岁即可作佳文。现在本系荫生，倒不准赴小考。拟令照我之样，二十四岁始行乡试，实可学做八股者十年。若稍有聪明，岂有不通者哉？若十九、二十即行乡试，无论万万不中，即中得太早又有何味？我所以决计令其明秋始学八股，二十四始乡试也。"

咸丰五年（1855年）三月二十日，曾国藩针对儿辈的实际情况说："纪泽儿记性极平常，不必力求读书背诵，但宜常看生书。讲解数遍，自然有益。八股文、试帖诗皆非今日之急务，尽可不看不作。至要至要。儿于史鉴略熟，宜因而加功，看朱子《纲目》一遍为要。纪鸿儿亦不必读八股文，徒费时日，实无益也。"

咸丰六年（1856年）十一月初五，曾国藩在《谕纪泽》中说："看《汉书》

有两种难处，必先通于小学、训诂之书，而后能识其假借奇字；必先习于古文辞章之学，而后能读其奇篇奥句。尔于小学、古文两者皆未曾入门，则《汉书》中不能识之字、不能解之句多矣。欲通小学，须略看段氏《说文》《经籍纂诂》二书。"

咸丰六年（1856年）十一月二十九日，曾国藩又针对曾纪泽的读书情况说："纪泽看《汉书》，须以勤敏行之。每日至少亦须看二十页，不必惑于在精不在多之说。今日半页，明日数页，又明日耽阁间断，或数年而不能毕一部。如煮饭然，歇火则冷，小火则不熟，须用大柴大火乃易成也。……吾乡子弟未读完经书者甚多，此后当力戒之。"

咸丰八年（1858年）九月，曾国藩得知曾纪泽已读完"五经""四书"，于九月二十八日致信要求其再攻读《史记》《庄子》《通典》《孙武子》《方舆纪要》等十一种书。十二月，对曾纪泽又提出新要求："尔自明年正月起，每月作四书文三篇，俱由家信内封寄营中。此外或作得诗赋论策，亦即寄呈。"

曾纪泽在父亲的教导下，不仅对读书有浓厚的兴趣，而且喜爱买书。他买了许多书后，没有读便放置一边。曾国藩发现了这种情况，于咸丰九年（1859年）四月二十一日给曾纪泽写信说："乡间苦于无书，然尔生今日，吾家之书，业已百倍于道光中年矣。买书不可不多，而看书不可不知所择。"意思就是说，买书要有所选择。

咸丰十年（1860年）六月初一，曾国藩率湘军到达安徽祁门。七月，补授两江总督，并授钦差大臣督办江南军务。此时的曾国藩心情舒畅，原以为率湘军驻祁门，进可保浙江，退可守江西，不仅可稳保战局，而且可开创战场的新局面。殊不知太平军忠王李秀成得知曾国藩率湘军驻祁门，知有企图，于是便与英王陈玉成会商后，在八月中旬调动1万多太平军分五路围攻祁门，使湘军陷入困境。面对这种情况，曾国藩大伤脑筋。恰在这时，曾国藩收到儿子曾纪泽来信，请教写论文怎样才能有古雅雄奇之道。曾国藩在湘军被困、自己大伤脑筋的情况下，立即给曾纪泽回信说："尔问文中雄奇之道。雄奇以行气为上，造句次之，选字又次之。然未有字不古雅而句能古雅……句不雄奇而气能雄奇者。是文章之雄奇，其精处在行气，其粗处全在造句选字也。……尔所作《雪赋》，词意颇古雅，惟气势不酋，对仗不工。……尔宜从对仗上用工夫。"曾国藩在身处困境心烦意乱的情况下，仍关心儿子的读书治学，是多么难能可贵！

咸丰十一年（1861年）三月十二日，曾国藩率湘军从祁门攻打休宁，结果残遭失败，被迫退回祁门后，当天夜晚萌发了自杀的念头。三月十三日，他在遗嘱中说："近来阅历愈多，深谙督师之苦。尔曹惟当一意读书，不可从军，亦不必作官。"曾国藩有了自杀念头时，在遗嘱中仍教导儿辈"惟当一意读书"，说明他对儿子的读书问题多么重视。

以后，随着儿子长大成人，曾国藩根据其读书治学的情况，教导曾纪泽说："尔之才思，能古雅而不能雄骏，大约宜作五言……余所选十八家诗，凡十厚册，在家中，此次可交来丁带至营中。尔要读古诗，汉魏六朝，取余所选曹、阮、陶、谢、鲍、谢六家，专门读之，必与尔性质相近。至于开拓心胸，扩充气魄，穷极变态，则非唐之李杜韩白、宋金之苏黄陆元八家不足以尽天下古今之奇观。尔之质性，虽与八家者不相近，而要不可不将此八人之集悉心研究一番，实《六经》外之巨制，文字中之尤物也。"

同治元年（1862年）四月，曾国藩率湘军水陆兵数万人由安居围攻太平天国的首都天京。在战斗即将打响的时候，曾国藩仍不忘关心儿子的读书治学问题。他于四月四日给曾纪泽写信说："尔前作诗，差有端绪，近亦常作否？李、杜、韩、苏四家之七古，惊心动魄，曾涉猎及之否？"

五月十四日，曾国藩又给曾纪泽写信说："尔之天分，长于看书，短于作文。此道太短，则于古书之用意行气，必不能看得谛当。目下宜从短处下工夫，专肆力于《文选》，手抄及摹仿二者皆不可少。待文笔稍有长进，则以后诂经读史，事事易于着手矣。"

十二月十四日，曾国藩收到儿子曾纪鸿所写的诗四首，阅后即日批改写道："韩公五言诗本难领会，尔且先于怪奇可骇处、诙谐可笑处细心领会。可骇处，如咏落叶，则曰'谓是夜气灭，望舒霣（yǔn，坠落的意思——笔者注）其圆'；咏作文，则曰'蛟龙弄角牙，造次欲手揽'。可笑处，如咏登科，则曰'侪辈妒且热，喘如竹筒吹'；咏苦寒，则曰'羲和送日出，恇怯频窥觇'。尔从此等处用心，可以长才力，亦可添风趣。鸿儿试帖，大方而有清气，易于造就，即日批改寄回。"

同治二年（1863年）三月初四，曾国藩查看南京湘军雨花台大营回到安庆，在忙于重新安排湘军部署的时候，收到曾纪泽于二月十三日寄给他的信和一首《闻人赋》。曾国藩"即日当批改付归"，并要求曾纪泽"嗣后宜将《文选》最惬意者熟读，以能背诵为断，如《两都赋》《西征赋》《英城赋》及《九辩》《解嘲》之类皆宜熟读"。还说："尔与纪鸿儿皆当手抄熟读，互相背诵，将来父子相见，余亦课尔等背诵也。"

曾国藩早在道光二十七年（1847年）六月，由翰林院侍讲学士升授内阁学士兼礼部侍郎，官位从四品升二品。以后，又兼署兵部右侍郎、工部右侍郎、刑部左侍郎、吏部左侍郎和两江总督等重要职务。除此，他还率领几十万水陆湘军东征西战与玉平军搏杀，其繁忙是可想而知的。然而在如此繁忙的情况下，即使在率湘军攻打太平天国首都天京之际，仍关心和具体指导儿子如何读书治学，他这样的表现无疑值得称赞。与曾国藩相比，在我们现实生活中，许多家长经常以工作忙为借口，对孩子的读书治学不管不问，显然应当改正。奉劝广大家长向曾国藩学习，多关心孩子的学业，帮助他们健康成长，缔造美好的人生。

第六章

曾国藩教子练写书法提高艺术修养

曾国藩对子孙后代的培养教育，不仅强调要刻苦读书治学，而且耐心指导子孙练写书法。那么，他为什么把练写书法作为培养、教育后代的重要事项？他是怎样教子练写书法的？这中间有许多鲜为人知的情况。

1. 首先教子提高对练写书法的认识

众所周知，书法是一门借助于汉字，追求于运动、节奏、张力，有着无穷变化的点画线条形式及递进组合态势的抽象艺术，是以汉字特有的线条和结构而形成的艺术形式。因为它能反映书写者的修养、情趣和审美理想，展现其人文风采，所以受到众多人的喜爱，在我国从古至今都有广泛的群众基础。

论书法，曾国藩有更深层次的认识。他认为，书法有其"书道"，就是书法爱好者通过书法，不仅能抒发情怀，陶冶心境，慰藉感情，提高个人艺术修养，而且能进而探索和理解人生意义，懂得为人处世的道理，有助于缔造美好的人生。

从另一方面来说，在封建社会科举选仕，非常注重书字。唐朝统治者笃好书法，特设"书学"培养书法家和书法理论人才，并且把"书学"与国子学、太学、四门学、律学、算学并列为唐代最高学府的六类。除此，还特别强调科举考试必须"楷法遒美"者才能入选。

在清朝，科举考试同样重视书字，并且自道光年间起，还特设"读卷"官员专看答卷的字写得怎么样，甚至以答卷的字定荣辱。山东王寿彭荣获状元、广东陈重远应试名列三甲后列，便是典型的例证。

陈重远，广东高要人，少负才学，喜爱写作。因为他写的文章议论纵横不落俗套，又很有文采，所以他参加乡试、会试顺利被录取后，又去参加殿试时，众多的人便认为他肯定会名列"鼎甲"。然而结果，他参加殿试时所写的文章虽然仍是得意之作，但皇上看了他的答卷，认为他所写的字一般，没有达到"遵馆阁体"水平，故将其抑置"三甲"之末。

清朝科举制度规定，殿试名次根据考试成绩分为三等，即一、二、三甲。一甲，又称为"鼎甲"，只列 3 人。其中第一名为状元，第二名为榜眼，第三名为探花，均谓之"赐进士及第"。

二甲不定名额，称之为"赐进士出身"。

三甲更无定额，少则三五人，多则数十人，视考试成绩具体情况而定，称之为"赐同进士出身"。所谓"同进士"，意即"等同于进士"，对其可以理解为是进士，也可以说不是进士，或者说是相当于进士。对殿试列为三甲"赐同进士出身"者，清朝规定其不能在京当官，只能在京外任御史、主事、推官、知县、教职之类的地方官员。

道光十八年（1838 年）四月，曾国藩参加殿试取三甲第 42 名，不是三甲之末，但"赐同进士出身"后，他深感丢了脸面，所以终生感到恼恨。而陈重远参加殿试，因为答卷字写得一般，被皇上抑置三甲之末，同样感到恼恨。

再说山东王寿彭的情况。论写作，他写的文章公认一般，但其字出众。参加殿试时，皇上看到他的字写得黑大圆光，具有很高的书法艺术水平，非常欣赏，于是"钦点"为状元。

由此可见，清朝科举选仕是多么重视书法！基于这样的情况，曾国藩把练写书法视为"考差之具，晋身必备"，故在培养、教育子孙时，一再强调并督导其练写书法。

2. 教导弄清书法艺术的派别

书法，是写字的艺术，是我国汉字特有的线条和结构形成的艺术形式。社会公认，书法与中国画同源异流，书法从文字产生到形成独立的艺术形式经历了漫长的历史发展过程，因而有许多不同的写法和派别。

曾国藩为了让儿子学好书法，使其懂得书法的源流，于咸丰九年（1859年）三月二十三日在《谕纪泽》中说：

> 赵文敏集古今之大成，于初唐四家内师虞永兴，而参以钟绍京，因此以上窥二王，下法山谷，此一径也；于中唐师李北海，而参以颜鲁公、徐季海之沉着，此一径也；于晚唐师苏灵芝，此又一径也。由虞永兴以溯二王及晋六朝诸贤，世所称南派者也；由李北海以溯欧、褚及魏北齐诸贤，世所谓北派者也。尔欲学书，须窥寻此两派之所以分：南派以神韵胜，北派以魄力胜。宋四家，苏、黄近于南派，米、蔡近于北派。赵子昂欲合二派而汇为一。

上述曾国藩所讲，主要是告诉曾纪泽欲学书法，应首先弄清书法之派别。书法界分为南、北两派，南派以神韵胜，北派以魄力胜。宋代四大书法家，其中苏轼、黄庭坚近于南派，米芾、蔡襄近于北派。

弄清了书法界的派别，就去迷于仿学吗？不是的，为了防止曾纪泽迷于仿学南派或北派书法，曾国藩又对其强调说：

> 尔从赵法入门，将来或趋南派，或趋北派，皆不可迷于所往。

学书法不能迷于哪一派，那么，从哪里入手学起呢？

3. 传授用笔之法

写书法是以毛笔为工具，以线条为主要表现形式。若要写好书法，显然必须讲究笔法。曾国藩为了让儿子掌握好笔法，在握笔、落笔、换笔等多方面，传授了用笔之法。

咸丰八年（1858 年）十月二十五日，曾国藩针对曾纪泽练写书法存在的问题，对曾纪泽说："尔所临隶书《孔宙碑》，笔太拘束，不甚松活，想系执笔太近毫之故，以后须执于管顶。余以执笔太低，终身吃亏，故尔趁早改之。"

咸丰九年（1859 年）二月初三，曾国藩看了曾纪泽所写的书法说："纪泽之字近日大退……大约握笔宜高，能握至管顶者为上，握至管顶之下寸许者次之，握至毫以上寸许者亦尚可习得好字出；若握近毫根，则虽写好字，亦不久必退，且断不能写好字。吾验之于己身，验之于朋友，皆历历可证。纪泽以后宜握管略高，纵低亦须隔毫根寸余。"

给曾纪泽传授了握笔之法，曾国藩又教导其如何落笔，咸丰八年（1858 年）十二月二十三日，在《谕纪泽》中说："写字之中锋者，用笔尖着纸，古人谓之蹲锋，如狮蹲虎蹲犬蹲之象。偏锋者，用笔毫之腹着纸，不倒于左，则倒于右，当将倒未倒之际，一提笔则为蹲锋。是用偏锋者，亦有中锋时也。"

咸丰十年（1860 年）四月二十四日，曾国藩对落笔问题，强调以珠圆玉润四字为主。他说："无论古今何等文人，其下笔造句，总以珠圆玉润四字为主。无论古今何等书家，其落笔结体，亦以珠圆玉润四字为主。故吾前示尔书，专以一重字救尔之短，一圆字望尔之成也。"

要练好书法，除了讲究握笔、落笔之外，还必须善于换笔。咸丰九年（1859 年）八月十二日，曾国藩对曾纪泽说："尔问作字换笔之法，凡转折之处，如┐┒┕┗之类，必须换笔，不待言矣。至并无转折形迹，亦须换笔者，如以一横言之，须有三换笔，末向上挑，所谓磔也；中折而下行，所谓波也；右向上行，所谓勒也；初入手，所谓直来横受也。以一直言之，须有两换笔，直横入，所谓横来直受也；上向左行，至中腹换而右行，所谓努也；捺与横相似，特末笔磔处更显耳，直波磔入。撇与直相似，特末笔更撇向外耳，停掠横入。凡换笔，皆以小圈识之，可以类推。凡用笔，须略带敧斜之势，如本斜向左，一换笔则向右矣；本斜向右，一换则向左矣。举一反三，尔自悟取可也。"

曾纪泽见父亲这样传授了换笔之法，又问"横笔磔法"。曾国藩于咸丰九年（1859年）十一月二十四日，对曾纪泽说："泽儿问横笔磔法，如右手掷石以投人，若向左边平掷则不得势，若向右边往上掷，则与捺末之磔相似，横末之磔亦犹是也。"

以后，曾纪泽根据父亲的指教，在练写书法时，正确运用握笔、落笔、换笔之法，写出的字大有长进，受到亲友的称赞。

4.强调用墨之妙

练写书法，必须讲究墨色。而用墨之妙，在于浓淡相生，如若全浓全淡，显然不行。因此，在练写书法时必须正确掌握取得良好水墨效果的技巧和方法，即书法家们常说的"墨法"。

曾国藩为了让儿子正确掌握墨法，以便练好书法，于咸丰八年（1858年）八月二十日在《谕纪泽》中说："尔好写字，是一好气习。近日墨色不甚光润，较去年春夏已稍退矣。以后作字，须讲究墨色。古来书家，无不善使墨者，

曾国藩手书对联

能令一种神光活色浮于纸上，固有临池之勤染翰之多所致，亦缘于墨之新旧浓淡，用墨之轻重疾徐，皆有精意运乎其间，故能使光气常新也。"

咸丰九年（1859年）八月十二日，曾国藩又对曾纪泽强调说："凡作字，墨色要光润。此先大夫竹亭公（即曾国藩之父——笔者注）常以教余与诸叔父者。尔谨记之，无忘祖训。"曾国藩把讲究书法的墨色提高到祖训的高度，由此可见，他是多么重视书法的墨色。

5．主张讲究书法的笔势

书法家们一致认为，书法因势生形，乃有迹象，才能成为艺术的结体，故必须讲究其笔势。

所谓书法的笔势，就是要正确处理线条及点画之间承接呼应的间架关系。

对书法的笔势，康有为认为："古人论书，以势为先。"又说："盖书，形学也，有形则有势。兵家重形势，拳法亦重扑势，义固相同，得势便则已操胜算。"

曾国藩对书法的笔势也是这样认为的。道光二十三年（1843年）六月初六，他在家信中说："凡作字总须得势，务使一笔可以走千里。"写书法，如若"笔笔无势，是以局促不能远纵"。

咸丰九年（1859年）三月初三，曾国藩回顾自己学书法的经验教训，深有体会地对曾纪泽说："吾自三十时，已解古人用笔之意，只为欠却间架工夫，使尔作字不成体段。生平欲将柳诚悬、赵子昂两家合为一炉，亦为间架欠工夫，有志莫遂。尔以后当从间架用一番苦功……"

咸丰十一年（1861年）正月十四日，曾国藩又说："思习大字，总以间架紧为主。写成之后，贴于壁上观之，则妍媸自见矣。"其意思就是说，练习写大字，总以间架紧为主。写好后，将其贴在墙上，好坏就看出来了。

那么，如何衡量所写字的笔势好或不好呢？曾国藩于咸丰十一年（1861年）七月初五说："悟作字之道：点如珠，画如玉，体如鹰，势如龙，四者缺一不可。体者，一字之结构也；势者，数字数行之机势也。"

就是说，衡量其书法好或不好，就看所写的点是否像珠圆，画是否如玉，体是否如鹰，势是否如龙，这四者缺一不可。所谓字体，说的是单个字的结构；字势，则是几个字、几行字的变化关系。

除此，曾国藩于同治五年（1866年）四月二十五日认真研究了古代著名书法家书法的笔势后说："悟北海上取直势，下取横势，左取直势，右取横势之法。大约直势本于秦篆，横势本于汉隶；直势盛于右军暨东晋诸帖，横势盛于三魏诸碑。唐初欧公用直势，褚公用横势，李公兼用二势。"

曾国藩在此所说的"北海"，即唐代著名书法家李邕，因其曾任北海太守，故人称"李北海"。他的书法，字似欹反正，左低右高，笔力遒劲而舒放，给人以险峭爽朗的感觉。

所谓"欧公"，即初唐书法家欧阳询。他的书法以楷书为最，究其用笔，方圆兼备而劲险峭拔，其中竖弯钩等画仍是隶笔。《唐人书评》称其字："若草里惊蛇，云间电发。又如金刚瞋目，力士挥拳。"

所谓"褚公"，即初唐书法家褚遂良。他的书法，继欧阳询、虞世南之后，别开生面。《唐人书评》称赞他的书法"字是金生，行间玉润，法则遍雅，美丽多方"。

曾纪泽根据父亲的上述倡导，学写书法自觉讲究笔势。因此，他的书法令人感到既有整体感，又富有变化。

6.要求下苦功练写

要练好书法，必须持之以恒下苦功练写。曾国藩于道光二十三年（1843年）六月初六，在家教中曾提出："习字临《千字文》亦可，但须有恒。每日临帖一百字，万万无间断，则数年必成书家矣。"

咸丰十年（1860年）十一月初四，曾国藩针对曾纪泽的实际情况，在《谕纪泽纪鸿》中说："泽儿字，天分甚高，但少刚劲之气，须用一番苦工夫，切莫把天分自弃了。"

咸丰十一年（1861年）正月十四日，曾国藩在《谕纪泽》中又提出新要求，强调说："尔写字笔力太弱，以后即常摹柳帖亦好……日临百字、摹百字。"

以后，曾纪泽根据父亲的要求下苦功练写书法，并且持之以恒，因此大有长进，受到父亲的称赞。

7.督导挥笔运转展现鲜明的艺术风格

曾国藩认为，挥笔写书法不能随心所欲，应用笔锋的运转展现丰富的笔意。所谓笔意，就是讲究书法字里行间的意态，求得书法的真髓，表现鲜明的艺术风格。

对此，曾国藩于同治元年（1862年）四月初二曾说："因读李太白、杜子美各六篇，悟作书之道亦须先有惊心动魄之处，乃能渐入正果，若一向由灵妙处着意，终不免描头画角伎俩。"其意思就是说，他由于读了李白、杜甫的诗各六篇，领悟到书法也应有惊心动魄之处，才能逐步求得书法真髓，如果只是从灵妙处用心，终究不免只有描头画角的小伎。

同治二年（1863年）九月初六，他在谈到对书法的体会时这样说："偶思古之书家，字里行间别有一种意态，如美人之眉目可画者也，其精神意态不可画者也。意态超人者，古之谓之韵胜。"

同治四年（1865年）十月二十日，他在谈到对书法的笔意体会时这样说："是日悟作书之道，亦分阳刚之美、阴柔之美两端。偏于阳者取势宜峻迈，偏于阴者下笔宜和缓。二者兼营并骛，则两失之矣。"

总之，要练好书法，必须"笔意笔力与之俱进"。曾国藩正是在这样的观念下指导和督促儿子练写书法的，后来，他儿子的书法达到很高的艺术水平。

光绪四年（1878年）七月，曾纪泽奉旨赏戴花翎，派任英国、法国钦差大臣。九月初四携眷离京，到任后，将使馆由租赁改为自建。使馆落成后，他亲书一联悬挂大门上：

濡耳染目，靡丽纷华，慎勿忘先子俭以养廉之训；

参前倚衡，忠信笃敬，庶可行圣人存而不论之邦。

此上联儆戒自己，表示不忘其先父"俭以养廉"的家训，决心在西方世界立于不败之地；下联则阐明其外交宗旨，表示要按照孔子所教导的"言忠信，行笃敬，虽蛮貊之邦，行矣"和庄子在《齐物论》中提出的六合之外圣人"存而不论"办事。此对联不仅内容好，而且所书写的字具有很高的艺术水平，受到外人的高度评价。

之后，我国书法界的评论家将曾纪泽的书法与曾氏家族中社会公认书法出众的曾国藩、曾国荃和曾纪鸿的儿子曾广钧的书法进行比较，其结果是这样的：

国藩生平博习穷擅，未尝少懈，欲合刚健婀娜以成体。然秉性凝重，笔也随之，故终以凝健胜。国荃专意率更，腕空笔实，方整有疏宕之美。纪泽书功最深，所资亦最博，惟笔力稍弱，不能副志。广钧书宗率更，稍参北碑，以廓期其势，遒整方峻。

此评价说明，曾纪泽在父亲的影响和督导下所练就的书法，与曾国藩、曾国荃和曾广钧的书法比较，"书功最深"，写得最好。曾国藩也曾称赞曾纪泽的字"字势流美，天骨开张"。

第七章

曾国藩教子放眼世界学习"西洋之长"

曾国藩是封建、闭关自守的清王朝的权贵，深受中国传统文化的浸染，因而曾以"天朝"无比优越的高傲态度，对外国的文化嗤之以鼻、排斥拒纳。然而后来，他出人意料地不仅积极倡导"洋务运动"，而且一再教导儿子要放眼世界学习"西洋之长"。曾国藩为什么会有这样的变化呢？他是怎样教导儿子学习"西洋之长"的？

1.战局促使曾国藩改变对西洋的观念

咸丰二年（1852 年）十一月二十九日，曾国藩奉上谕以在籍侍郎身份在湖南帮办团练事务，在长沙组建了湘勇。第二年七月，奉命率湘勇驰援江西，为了区别于他省军队，将湘勇改为"湘军"称谓。

湘军不是国家正式编制的政府军，而是湖南地方武装，其任务主要是对付小股动乱维持湖南地方治安。咸丰三年（1853 年），太平军进攻湖南，当时太平军势力强大，清政府的军队难以抗击，便命曾国藩率领湘军参加攻打太平军的战斗。

咸丰四年（1854 年）二月二十八日，曾国藩率湘军水陆兵勇由湖南衡州出发，到湘潭会合，然后进兵岳阳，开始了与太平军的正面交战。

太平军是洪秀全领导和发动的太平天国运动组建的部队。洪秀全于嘉庆十九年（1814 年）诞生于广东花县（今广州市花都区）福塬水村。第二年，举家迁居到距广州约百里的官禄布村。在此地，他曾三次到广州应试，但屡试不第。仕途坎坷的遭遇，使他对现实强烈不满。道光二十三年（1843 年），他在广州阅读了梁发编写的基督教布道书《劝世良言》，接触到与中国传统文化完全不同的西洋文化后，创立了"拜上帝会"，提出"天父上帝是唯一真神"，人人应"独尊天主上帝"，反对崇拜其他偶像。除此之外，他还提出"天下多男子，尽是兄弟之辈；天下多女子，尽是姊妹之群"，因此主张在上帝面前人人平等。

而曾国藩深受中国传统文化的浸染，对洪秀全"拜上帝会"的主张非常反感。他认为，洪秀全在中国推行"外夷"的"拜上帝会"，主张上自王臣、下至兵卒百姓皆以兄弟姊妹相称，违背了君臣父子、上尊下卑的伦常秩序，是大逆不道，应群起口诛笔伐。从另一方面来说，曾国藩认为洪秀全之所以极力推行"拜上帝会"，是深受西洋文化的影响，显然罪在"外夷"。基于这样的认识，曾国藩又联想到道光二十年（1840年）发生的鸦片战争，外国列强入侵，给中国人民造成深重的灾难，因而萌发了强烈的仇洋心理，对外国的人和物都没有好感，包括对洋枪、洋炮都持鄙薄态度，认为不如本国的土枪、土炮，正如他在咸丰八年（1858年）十月二十一日给袁芳瑛的信中所说，"洋枪不甚得用"。

正因为曾国藩有仇洋心理，所以在行动上有许多表现。咸丰十年（1860年）十月，英法联军在俄、美军队的支持下发动侵华的第二次鸦片战争结束后，道光皇帝的第六子、当时任清政府总理各国事务衙门大臣的恭亲王奕訢痛定思痛，深切感受到，以后如若欲不再受制于外国列强，必须以自己的坚船利炮来对付外夷。于是，便提出购买外国船炮的主张，并上折建议朝廷下令让曾国藩等照办。而曾国藩接到上谕，便以正率湘军在皖南与太平军激战难以脱身为借口，没有根据上谕去办理购买外国船炮事宜。

第二年，也就是咸丰十一年（1861年），清政府因为暂时没有了洋人威胁的压力，考虑到要剿灭太平军必须购买洋人的船炮，所以奕訢等又旧事重提，并再次呈奏折，得到咸丰皇帝恩准。五月三十日，朝廷再次下令让曾国藩等去办理购买外洋船炮之事。

而曾国藩这次收到上谕，最初对购买洋船、洋炮仍持拒纳的态度。他认为，仅仅为了与太平军作战，根本用不着购买外国船炮。因为太平军主要是陆军，其水师早为湘军水师所慑服，而对付太平军的陆军，哪用得着花重金去购买外国的船炮？基于这样的认识，他仍没有根据上谕去办理购买外国船炮事宜。

咸丰十一年（1861年）六月，曾国荃率湘军围攻安庆，太平军在城外的堡垒接连被攻破，8000太平军战死。在这样的情况下，曾国藩考虑到，湘军很快攻占安庆后，下一步就要攻打太平天国首都天京。而攻打天京，不是一件容易的事，天京城内有强大的太平军不用说，单是天京外围的李秀成率领的太平军就有50多万人马。李秀成为了抗击清政府军和湘军，不仅扩军备战，而且在上海通过洋人买了许多洋枪、洋炮。而湘军如若只有刀、矛、鸟枪等落后武器去与太平军交战，显然不可能取胜，攻陷天京是不可能的。眼前的这种局面，促使曾国藩改变思想观念。于是，他决定采取"两手抓"的办法。

这一年七月十八日，曾国藩向朝廷呈上《复陈购买外洋船炮折》。其中写道："至恭亲王奕䜣等奏请购买外洋船炮，则为今日救时之第一要务。……购买外洋器物，尤属名正言顺。"

曾国藩对购买外洋船炮有了这样的认识，那么能否实现其愿望呢？从客观方面的情况来看，完全符合曾国藩的心愿。八月初一，曾国荃率湘军攻克安庆。初七，曾国藩由东流移住安庆。十月十八日，身任钦差大臣、两江总督的曾国藩，奉上谕"统辖江苏、安徽、江西三省并浙江全省军务。所有四省巡抚、提镇以下官员，悉最节制"。从此，曾国藩不仅有了安庆这个据长江要冲的根据之地，而且直接掌握了长江下游各省的大权，自然也就有了购买和试制外洋船炮的条件。

同治元年（1862年）正月二十一日，曾国藩用五万五千金购买外洋火轮一只。他在当天的日记中写道:"早饭后清理文件,旋至眉生处与筱泉围棋。尚未终局,接周弢甫信,买洋船一只,湾泊城下,欲余登船阅看定夺,其价已议定五万五千金,委员朱筱山别驾押坐来皖,因与朱同登舟一看,无一物不工致。"

曾国藩在安庆买船可能不止这一只。清末外交官、曾是曾国藩幕僚的黎庶昌,在其编写的《曾国藩年谱》中记载:"二十一日,新购外洋火烊船第一号到安庆。"既然是第一号,自然还有第二号、第三号。同治元年(1862年)四月初九,曾国藩在《复奕訢桂良》中说:"国藩前以苏、皖中梗,交涉事件甚多,欲得洋船一只以为运送子药、飞递交报之用,札派周主事腾虎往沪购买。初购宝顺船一只,价已议定,至立契日,嫌小退还。旋购吧吡船一只,因被售者所欺,诡易其名曰'博云',实不可用。又订定威林密船一只,较吧吡略好,现尚未乘驾来皖……"

据史料记载,曾国藩为了便于与太平军交战,不仅花重金购买外洋轮船,而且按照外洋轮船的"范本"仿造轮船。在造船过程中,先从仿造外洋轮船蒸汽机开始,居然取得成功。对此,曾国藩于同治元年(1862年)七月初四在日记中写道:"中饭后,华衡芳、徐寿所作火轮船之机来此试演。其法以火蒸水,气贯入筒,筒中三窍,闭前二窍,则气入前窍,其机自退,而轮行上弦;闭后二窍,则气入后窍,其机自进,而轮行下弦。火愈大,则气愈盛,机之进退如飞,轮行亦如飞。约试演一时。窃喜洋人之智巧,我中国人亦能为之,彼不能傲我以其所不知矣。"

另一方面,曾国藩于咸丰十一年(1861年)十一月,在安庆办起了军械所,派人将浙江海宁的著名学者李善兰等请到安庆,并且从广州、上海等地买来一批洋枪、洋炮样品进行研究仿造。试制成功后，将仿造的洋枪、洋炮用在战场上，与太平军交战发挥了很大作用，从而使曾国藩改变了"洋枪不甚得用"的观念，不再对外国的洋物持排斥、拒纳的态度。

2. 仿造船炮使曾国藩知道"西洋之长"

安庆内军械所建成后，在曾国藩的督促下，按照外洋船炮的样品，不仅很快仿造出轮船，而且仿造出一批枪炮。那么，其质量怎样？与从外国买来的船炮比较，谁优呢？

首先说仿造出的枪炮吧。安庆内军械所仿造出洋枪、洋炮后，曾国藩把湘军军官和幕僚召集到演武场，让大家观看试射情况。指挥官让士兵试放了新仿造的后膛枪和开花炮，结果在威力、射速、射程、准确度、杀伤力等方面，都比湘军过去在战场上常用的鸟枪、抬枪等要强许多倍。

再说仿造的战船。同治二年（1863年）年末，安庆内军械所仿造出中国第一艘火轮船，也是中国人自己制造出的第一艘军舰，名为"黄鹄"号。此船重25吨，长55尺（3尺为1米），高压引擎，回旋轴长14尺，锅炉长11尺。显然，这是一艘船体很小的轮船，在安庆试航行，顺流时速只有28里，逆水时速约为16里。当时，曾国藩在试航现场观看后禁不住对幕僚说："这艘船与外洋火轮相比，行驶迟钝，不甚得法。"也就是说，安庆内军械所仿造的船与从外洋买来的比较差很多。

自己造的船炮，是根据从外洋买来的样品仿造的，为什么比人家的差呢？其原因显然是因为安庆内军械所规模小，仿造洋枪、洋炮和轮船没有用先进的机器制造，只是用落后的土办法打制，所以造出的产品没有外洋的好。

曾国藩对这样的分析表示认同，但他通过进一步深入探究认为，其主要原因是西洋有高超的技艺。而"西洋技艺所以卓绝古今者，由其每治一事，处心积虑，不臻绝诣不止。心愈用则愈灵，技愈推则愈巧。要在专精，非其才力聪明远过中国"。其意思就是说，安庆内军械所仿造的船炮之所以没有外洋的好，最主要的原因是西洋有高超的技艺。而"西洋技艺所以卓绝古今者"，关键是其"每治一事"讲究"专精"，不是其聪明才智远过中国。西洋之长在于专，其办事讲究"专精"的精神，是很值得学习的。

就这样，曾国藩在战局的促使下，通过探究仿造船炮质量差的原因，认识了"西洋之长"，从而改变了观念，从仇洋、排洋逐渐转变为持称赞态度，并且积极倡导学习西洋，甚至教子都要求其放眼世界学习"西洋之长"。

3. 以己"三耻"启发儿子学习西洋新知识

曾国藩改变了对西洋的观念，为了让儿子放眼世界学习"西洋之长"，便以自己过去的"三耻"来启发儿子学习西洋的新知识，他对曾纪泽说："余生平有三耻：学问各途，皆略涉其涯矣，独天文算学，毫无所知，虽恒星五纬亦不识认，一耻也；每作一事，治一业，辄有始无终，二耻也；少时作字，不能临摹一家之体，遂致屡变而无所成，迟钝而不适于用，近岁在军，因作字太钝，废阁殊多，三耻也。尔若为克家之子，当思雪此三耻。推步算学，纵难通晓，恒星五纬，观认尚易。家中言天文之书，有《十七史》中各天文志，及《五礼通考》中所辑观象授时一种。每夜认明恒星二三座，不过数月，可毕识矣。"

曾纪泽对父亲的"三耻"反复品味，深感学习科技知识的重要性，于是决心以父亲的"三耻"为戒开始学习天文、数学知识。其学习最初是采取传统的方法，即先从认识恒星星座入手，每夜坐观天象，逐渐弄清一些星之方位，然后再通过研读史籍天文志和其他书籍学习天文知识。采用这样的方法，在短时间内便有许多收获。

曾国藩得知曾纪泽学习天文知识有许多收获非常高兴，便给曾纪泽写信说："尔看天文，认得恒星数十座，甚慰甚慰。前信言《五礼通考》中观象授时二十卷恒星图最为明晰，曾翻阅否？国朝大儒于天文历数之学，讲求精熟，度越前古。自梅定九、王寅旭以至江、戴诸老，皆称绝学，然皆不讲占验，但讲推步。占验者，观星象云气以卜吉凶，《史记·天官书》《汉书·天文志》是也。推步者，测七政行度，以定授时，《史记·律书》《汉书·律历志》是也。秦味经先生之观象授时，简而得要。心壶既肯究心此事，可借此书与之阅看……若尔与心壶二人能略窥二者之端绪，则足以补余之阙憾矣。"

曾国藩写上述这封信的时候，曾纪泽 19 岁，曾纪鸿 10 岁，其用意就是希望两个儿子读书治学除认真攻读经史方面的书外，还应广阅博鉴学习掌握数学、物理和天文等科技方面的学问，以便能够洗雪令他感到遗憾的"三耻"，把儿子培养成具有多方面知识的社会杰出人才。

曾国藩对儿子强调要学习科技知识，不仅表现在口头上，而且亲自辅导其学习。曾国藩任两江总督时，曾纪泽从湖南家乡到江西父亲的军营后，曾国藩不顾军务繁忙，亲自为其授课补缺。当时，洋务运动初兴，曾纪泽在父亲的督导下，涉猎了许多西方传入的新知识，大有收获。从曾纪泽代父所写的《〈几何原本〉序》就可见其学识水平。

《几何原本》一书，是西方数学家讲解几何原理的著作。这部书的前六卷，在我国明末由徐光启与著名的耶稣会教士利玛窦合译为中文，其后九卷到晚清时才由我国著名数学家李善兰与英国传教士伟烈亚力合译出版。至此，《几何原本》才被完全译成中文在我国面世，但此书初印很少，不久其藏版便在战乱中毁失。到同治年间，曾国藩倡导洋务运动，李善兰在其手下从事洋务活动时，便乘此机会向曾国藩介绍《几何原本》的价值，建议将其重印，得到曾国藩的赞同和支持。为了印好此书，扩大其社会影响，李善兰便请曾国藩为即将重印的《几何原本》写序。曾国藩考虑到自己不懂数学，而曾纪泽对数学研习颇多，所以便让其代写此序。

曾纪泽接受了这个任务，精心写作，很快将序写了出来，并且写得很好。他在论述《几何原本》的内容和特点时说：

《几何原本》不言法而言理，括一切有形而概之曰点、线、面、体。点、线、面、体者，象也。点相引而成线，线相遇而成面，面相叠而成体。而线与线、面与面、体与体，其形有相兼，有相似。其数有和，有有等，有无等，有有比例，有无比例。洞悉乎点、线、面、体，而御之加、减、乘、除，譬诸闭门造车，出门而合辙也，奚敝敝然逐物而求之哉？

曾纪泽在《〈几何原本〉序》中回顾论及我国算书和习研情况，明确指出：

盖我国算书以《九章》分目，皆因事立名，各为一法，学者泯其迹而求之，往往毕生习算，知其然而不知其所以然，遂有苦其繁而视为绝学者。无他，徒眩其法而不知求其理也。

针对我国研习数学存在的问题，曾纪泽在《〈几何原本〉序》中还论述和推介了《几何原本》的好处，旨在使国人了解西方数学的效用，他写道：

《几何原本》则彻乎《九章》立法之源，而凡《九章》所未及者无不赅也。致其知于此，而验其用于彼，其如肆力小学而收效于群籍者欤？

曾国藩看了曾纪泽为他代写的《〈几何原本〉序》，称赞"文气清劲，笔亦足达难显之情"，感到非常满意。以后，曾纪泽还把兴趣转向了收罗和研究寒暑表、千里镜、天文灯、电气匣、三角镜、照相机、显微镜、小轮车、日晷、自鸣钟等方面。由此可见，他对科技的兴趣多么广泛。

再说曾国藩的三子曾纪鸿。当父亲把"独天文算学，毫无所知"作为自己人生的一耻，嘱儿辈为之洗雪的时候，10岁的曾纪鸿已对数学有了浓厚的兴趣。同治十一年（1872年）二月，曾国藩去世后，他与曾纪泽及其他家人扶柩回湘在长沙居住期间，通过与湖南数学爱好者切磋算术之学和与外省的数学爱好者书信往来交流学术心得，学业大有进步，获得许多成果。关于他在科技方面取得的成就，详细情况将在《曾国藩之子从事的事业和成就》一章中论及，本章就不过多论述。

第八章

曾国藩之子从事的事业和成就

曾国藩有 3 个儿子，其长子曾纪第在世 1 年多，便因患痘病医治无效而死亡。次子曾纪泽和三子曾纪鸿长大成人后，曾国藩让两个儿子从事什么职业？其成就如何？这件事说出来还真让人感到意外。

1.不让儿子"涉历兵间"

纵观曾国藩的人生，他奉命办团练组建湘军是其人生的亮点。论其功成名就，他率湘军剿灭太平军为清朝立下"天下第一功"，才闻名于世成为握有实权的朝中重臣权贵。基于这样的情况，曾国藩对军队无疑有深厚的感情，他让儿子从军继承父业是理所当然的事。

然而出人意料，曾国藩于咸丰十一年（1861年）三月十三日在写给两个儿子的信中说："尔等长大之后，切不可涉历兵间。"那么，他为什么不让儿子从军"涉历兵间"？曾国藩这样做，肯定有多方面的深层次原因。

众所周知，曾国藩于咸丰二年（1852年）十一月二十九日奉上谕以在籍侍郎身份在湖南帮办团练事务，第二年便借举办团练之名组建湘军，开始"涉历兵间"，到同治七年（1868年）七月奉命离开湘军调任直隶（今河北）总督，计有15年。在这15年里，他既受到地方官绅的刁难，又受到朝廷的不信任；他率兵东征西战既有难筹军饷的苦恼，又有兵败被困危及生命的风险；在官场既难以摆脱与军政官员的争斗，又须承受社会的骂声不断。更让曾国藩苦恼的是，他率湘军出生入死剿灭了太平军为清朝立下"天下第一功"，而朝廷怕他谋反，不仅多方面削弱其权势，而且一再找借口对他进行问责。这些情况，使曾国藩感慨极深。因此，他于咸丰十一年（1861年）三月十三日，在《谕纪泽纪鸿》中说："尔等长大之后，切不可涉历兵间，此事难于见功，易于造孽，尤易于诒万世口实。"基于这样的感受和认识，他坚决不让儿子"涉历兵间"。

曾国藩不让儿子从军继承父业，那么，他的两个儿子长大成人后究竟从事了什么职业，其成就怎样呢？

2.在外交界享有盛誉的曾纪泽

曾纪泽，字劼刚，号梦瞻，行甲三，生于道光十九年（1839年）十一月初二。据说他出生后非常爱哭，特别是夜间啼哭不止，因此家里的人都称他为"夜哭郎"。"夜哭郎哭声朗，父母愁眉心发慌。"母亲为了让曾纪泽夜间不再啼哭，便在屋里摆上香案，每天跪在观音菩萨面前祈祷保佑，但无效果，曾纪泽夜间仍哭闹不休。爱说闲话的亲友们经常议论说："这个孩子这么爱哭，将来难成大器，肯定会让父母大失所望！"然而出人意料，他长大成人后，父亲不让他从军"涉历兵间"，而他另选人生取向，成为一名在国内外享有盛誉的外交家。

那么，他是怎样从幼时的"夜哭郎"成长为一名享有盛誉的外交家的呢？这中间有许多鲜为人知的情况。

咸丰十年（1860年）七月，朝廷下旨命曾国藩补授两江总督，并授钦差大臣督办江南军务。第二年八月，湘军攻占安庆后，曾国藩考虑到下一步要攻打太平天国的首都天京，显然不能用刀、矛、鸟枪与太平军作战，必须有攻击力很强的新式武器。出于这个目的，曾国藩便决定在安庆建一个兵工厂。

为了办好这个兵工厂，曾国藩精心选派杨国栋负责。杨国栋接受了这个任务，便想办法把当时在数学、动力学、机械制造、兵器加工、外交翻译等方面的专家李善兰、华蘅芳、徐寿等人请到安庆，于咸丰十一年（1861年）

十一月，在安庆建起了军械所，很快便仿造出了一批洋枪炮。

仿造了洋枪炮，曾国藩仍不满足，于同治元年（1862年）初，又让李善兰、华蘅芳等研制军舰和造火轮船。造军舰和火轮船，不像仿造洋枪炮那样简单，因此造船工作屡遭失败。在这样的情况下，华蘅芳等人便向曾国藩建议请广东香山县南屏镇（今属珠海）人容闳参与造船工作。

容闳，字达萌，号纯甫，幼入澳门洋学堂。道光二十七年（1847年），他19岁留学美国，先入麻省孟松学校，后考入耶鲁学院。咸丰四年（1854年）在美国毕业回国后，先后在广州美国公使馆、上海海关翻译处和上海英商宝顺洋行公司任职。此人不仅具有很高的英语水平，而且对英、美等国的情况也非常了解。如若到英国或美国购买洋枪炮以及船舰，他是很好的人选。

当华蘅芳等将容闳的情况向曾国藩介绍后，曾国藩当即表示请容闳到安庆。同治二年（1863年），容闳在曾国藩盛情邀请下到了安庆。就这样，曾国藩汇集了全国许多著名的专家、学者在自己的周围。以后，曾国藩又聘请外国著名专家、学者傅兰雅、伟烈亚力、马格里、林乐知等到上海江南制造局等机构，与中国的专家、学者共同搞科研和翻译外国数理化著作。

当时，曾纪泽和曾纪鸿都与父亲生活在一起，因而有机会结识这些国内外的专家、学者，甚至与其中的一些人成为关系密切的朋友，例如，英国专家马格里，曾纪泽惯称其为"马清臣"。因为其学识渊博，平易近人，曾纪泽经常到他的寓所访谈。久而久之，便深受其影响，对学习英语产生了浓厚的兴趣，不仅自觉苦练口语，而且经常在马格里的指导下阅读英文书籍和用英文写作，还采取英汉对译的方法力求提高自己的英文水平。

同治九年（1870年）春，曾纪泽援例以二品荫生引进，补户部员外郎。

曾纪泽

同治十一年（1872年）二月，曾国藩去世后，曾纪泽入居北京，其寓所在外国使馆区附近，他利用这个方便条件，常与英国公使馆的汉文正使梅辉立、副使璧利南和传教士艾约瑟、德贞以及英国在京设办的同文馆教习丁韪良交往，向他们求教英语方面的问题。

为了进一步密切与英国公使馆这些人员的关系，曾纪泽还将自己写的诗用中英文写在扇子上赠予他们。赠给丁韪良的扇子上题写的诗句是：

> 学究三才圣者徒，
>
> 识赅万有为通儒。
>
> 闻君兼择中西术，
>
> 双取骊龙颔下珠。

除此之外，曾纪泽还在一块玉石上刻上"Gearknan of Tseng"，做成一枚英文印章，将其译为中文即是"曾氏劼刚"。"劼刚"，即曾纪泽的字。刻有这样的印章，说明他对英文多么喜爱！

光绪三年（1877年），曾纪泽被袭封一等毅勇侯爵。清政府考虑到他的外语比较好，便让他从事外交工作。光绪四年（1878年）七月，朝廷下旨让他出任常驻英、法大臣，补授太常寺少卿。出使赴任前，西太后在养心殿召见了曾纪泽。对这次召见的情况，曾纪泽在日记中是这样记载的：

> 西太后说："办洋务甚不容易，闻福建又有焚毁教堂房屋之案，将来必又淘气。"

曾纪泽答："办洋务难处，在外国人不讲理，中国人不明事势。中国臣民常恨洋人，不消说了，但须徐图自强，乃能为济，断非毁一教学、杀一洋人，便称报仇雪耻。"

西太后说："这些人明白这道理的少，你替国民办这点事，将来这些人必有骂你的时候，你都要任劳任怨。"

曾纪泽说："臣从前读到'事君能致其身'一语，以为人臣忠则尽命，是到了极处。观近来时势，见得中外交涉事件，有时须看得性命尚在第二层，竟须拼得将声名看得不要紧，方能替国家保全大局。即如前天津一案，臣的父亲先臣曾国藩，在保定动身，正是卧病之时，即写了遗嘱吩咐家里人，安排将性命不要了。及至到了天津，又见事务重大，非一死所能了事，于是委曲求全，以保和局。其时京城士大夫骂者颇多，臣父亲引咎自责。寄朋友的信常写'外惭清议，内疚神明'八字，正是拼却声名以顾大局。其实当时事势，舍曾国藩之所为，更无办法。"

西太后问："你现在在总理衙门居住？"

曾纪泽答："总理衙门事务势不能秘密，臣等从前未敢与闻。现因奉旨出使，须将英国、法国前后案件查考一番，并须摘要抄录一点。其全案虽在郭嵩焘处，然臣在路上必有外国人交接应酬，若言谈之际全然不知原委，未免不便。"

西太后听了非常满意，说："你办事倒很细心。"

从曾纪泽此日记的记载来看，西太后对他出使英、法大臣是很满意的。在西太后召见他后不久，曾纪泽于光绪四年（1878年）九月初四携眷离京赴任。

在出使任内，曾纪泽刻苦攻读英语、法语，深入了解英、法两国的历史、国情，致力研究国际公法，认真考察西欧各国工商业及社会情况。他还将使馆由租赁改为自建，亲自负责图书、器物的购置。因此，受到社会的高度评价。

光绪五年（1879 年），巴西通过其驻英公使与曾纪泽联系，谋求与中国建交、通商，并招募华工垦荒。曾纪泽审时度势，积极建议清廷予以同意，唯对招募华工一事，因美洲各国虐待"苦力"，他请予拒绝。可见中巴建交，曾纪泽做了开创性的贡献。

光绪六年（1880 年）正月，曾纪泽除任驻英、法大臣以外，还兼任驻俄大臣，赴俄谈判收复伊犁地区问题。曾纪泽赴俄之前，崇厚已在赴俄谈判中擅自签订《里瓦几亚条约》，丧权辱国，朝野哗然。曾纪泽这次出使，举国瞩目。六月，他行抵俄京，前后谈判达 10 个月，正式会谈辩论，有记录可稽者 51 次，反复争辩数十万言。经他的据理力争，"障川流而挽既逝之波，探虎口而索已投之食"，于光绪七年（1881 年）正月二十六日，终于达成《中俄改订条约》（即《中俄伊犁条约》）。与崇厚原订条约比较，虽然伊犁西境霍尔果斯河以西地区仍被沙俄强行割去，但乌宗岛山及伊犁南境特克斯河一带均予收回，并取消俄人可到天津、汉口、西安等地进行经济活动诸条款，废除俄人在松花江行船、贸易侵犯中国内河主权等规定。

光绪九年（1883 年）中法战争爆发后，曾纪泽坚决反对外国侵略者，极力抗议法政府的无端挑衅，主张"坚持不让"，"一战不胜，则谋再战；再战不胜，则谋屡战"。他与法人争辩，始终不屈不挠，又疏筹"备御六策"。虽在病中，犹坚守岗位，进行斗争。

光绪九年（1883 年），曾纪泽在英国伦敦还谱写了中国历史上第一首国歌，名为《华祝颂》，后改名为《普天乐》。这首国歌，赞颂了祖国的伟大，讴歌了华夏的文明，赞美了中华民族的美德，是一首很激励人心的颂歌。光绪十年（1884 年）三月，曾纪泽卸驻法大臣职，旋晋兵部右侍郎，仍为驻英、俄大臣，与英国议定《洋烟税厘并征条约》。几经周折，终于为清政府争回每年烟税白银 200 多万两。

光绪十一年（1885 年）九月，曾纪泽携家眷离英回国，帮办海军事务。不久，迁兵部左侍郎，于总理各国事务衙门行走。他关心外交诸事，如驻外领事部署，何地当毁，何地宜缓，何地不应设，都随时向总理各国事务衙门建议，还改进驻外公使与国内联系的电报通信办法。他在外交界享有盛誉，与郭嵩焘齐名，时人并称"郭曾"。

曾纪泽出使英、法、俄期间，精心撰写了《中国先睡后醒论》。在这部著作中，明确指出外来的侵略足以"唤醒中国于安乐好梦之中"，中国的"全备稳固可翘足以待"，对民族振兴满怀信心。

光绪十六年（1890 年）闰二月二十三日，曾纪泽卒于京师户部任内，享年 51 岁，谥惠敏，遗骨葬长沙南郊曹家坳桃花湾。

光绪十九年（1893 年），江南制造总局为其编印遗著，计有奏疏 6 卷，文集 5 卷，诗集 4 卷，出使日记 2 卷，后辑为《曾惠敏公遗集》行世，在社会上产生广泛的影响。

3. 致力近代科技成就显著的曾纪鸿

曾纪鸿，系曾国藩第三子，生于道光二十八年（1848 年）二月二十四日，初名纪槃，字栗诚，行科一。后来，曾国藩考虑到"纪槃"与纪槃叔祖父"骥云"之名音相近，便在他出生的第二年，即道光二十九年（1849年），将"纪槃"改为"纪鸿"。

曾纪鸿自幼聪明过人，悟性特好，本可朝着科举考试这条仕途之路走下去，但在他小时候，曾国藩在家教中就说："纪鸿儿亦不必读八股文，徒费时日，实无益也。"其意思就是不主张曾纪鸿走科举考试仕途之路。

咸丰八年（1858年）八月，曾纪鸿10岁的时候，曾国藩又以自己感到遗憾的"三耻"，主张曾纪鸿致力钻研算学。

咸丰十一年（1861年）三月，曾国藩又对其提出"尔等长大之后，切不可涉历兵间"。

曾纪鸿根据父亲对他的要求和指教，在致力举业的同时，努力攻读科技方面的书籍。曾国藩于咸丰十一年（1861年）任两江总督，在安庆建起军械所，近代数学家华蘅芳、李善兰，科学家徐寿、徐建寅等，都汇集在安庆。当时，曾纪鸿与父亲生活在一起，因而有机会向这些数学家、科学家请教，这使他对近代科技的兴趣越来越浓厚，而对应试科举有所放松，故几次进京应试都名落孙山。

据曾昭棉所撰《曾栗诚公年谱》（即《曾纪鸿年谱》）记载，清同治七年（1868年），曾纪鸿20岁时，曾国藩让其"写《律吕表》，命公代算"。自咸丰八年（1858年），曾纪鸿"即喜习算学不辍，此时已经用矣"。

同治十一年（1872年）下半年，曾纪鸿办完其父的丧事在长沙居住时，与湖南的许多数学爱好者相互切磋算术之学，同时还与外省的数学爱好者书信往来，互相交换学术心得，并且从此时起，开始撰写有关数学方面的著作。

经过几个月的艰苦努力，他写出了第一部学术专著《对数详解》，计5卷。此书对数的源流、数的原理以及实用价值等做了精辟的论述，刊刻印后深受广大数学爱好者的欢迎。

1874年，曾纪鸿又写了《圆率考真图解》一书。当时，国际上均以推算圆周率之位数标志一个人的数学研究水平，正如丁取忠在此书序言中所说："西士固灵曾竭毕生之力，只得圆率三十六位，至殁时犹令其子刻于墓碑，诚以其得之难而失之易为可惜也。厥后西士杜德美以屡乘屡除之法代开方，得数较捷，然以之求十余位则甚易，如求至多位，则乘除之数甚繁，而降位尤易讹误，故秀水朱小梁雪以其法推得四十位，除君青民探入务民义齐等学中，今考其率，自二十五位以后，悉与真数不合，亦足以见求圆率之难矣。"而曾纪鸿对此极感兴趣，凝心构思，创造新法，仅以月余之力，即推算得圆周率到小数点后100位之多，在当时国际上处于领先地位，实属难能可贵。其圆周率为 3.14159265358979323846264338327950288419716939937510582097494459230781640628620899862803482534211706 91，较之西人旧法，其快速不可比拟。对曾纪鸿在这一方面的成就，清人诸可宝撰写的《栗诚公传》，即《曾纪鸿传》，记述较详。

当时与曾纪鸿一起参与推算圆周率的黄宝屏和左壬叟，后随郭嵩焘出使英国，他们参观伦敦博物馆，发现其天文算书中有圆周率值158位，与曾纪鸿推算之值一一吻合。由此足见曾纪鸿所创新法完全正确。李约瑟在《中国科学技术史》等书中充分肯定了曾纪鸿在数学史上的重要地位。除此，曾纪鸿还与邹特夫等合著了《栗布演草》2卷，后来刊入《白芙堂算学丛书》。1877年至1881年这几年时间里，曾纪鸿除在兵部行走外，绝大部分时间都用在学习和研究西方先进的科学技术上，并著有《炮攻要术》6 册和《电学举隅》等著作。据考证，《电学举隅》一书，可以说是我国最早的电学著作。由此可见其科技成就。

第九章

曾国藩教子保身养生

　　曾国藩培养、教育孩子，除了要求其有良好的品德和力求学业有成之外，还特别重视其保身养生问题。那么，曾国藩为什么特别重视这个问题？他是怎样教子保身养生的？

1.主张保身第一

人生在世，什么最重要？有人说是金钱，有人说是官位，而曾国藩不是这样认为的。道光二十三年（1843年）正月十七日，曾国藩在致诸弟的信中说：

吾人第一以保身为要。我所以无大志愿者，恐用心太过，足以疲神也。诸弟亦须时时以保身为念，无忽无忽。

曾国藩是清朝的权贵，身在官场为什么不特别看重官位权势而把保身养生视为人生第一重要之事呢？这与他的切身体验有关。

众所周知，曾国藩于道光十八年（1838年）正月初，从湖南家乡动身赴京第三次参加会试。三月，会试三场考罢，名列第38名。四月，参加殿试，取三甲第42名，赐"同进士出身"。所谓"同进士"，意思就是可以说是进士，也可以说不是进士，或者说相当于进士。因此，曾国藩感到脸上无光，非常恼恨。

以后,他为了求得名符其实的"进士"头衔,于道光二十年（1840年）四月,再次到北京参加翰林院散馆考试,结果得二等第19名,留翰林院散馆任检讨。有了这样一个头衔和职务，曾国藩感到非常荣耀，因此决心在北京的官场大干一番，以便出人头地展现自己的才干。

然而正当他怀着雄心壮志想大显身手的时候，于六月刚从北京圆明园挂甲屯吉升堂移居到骡马市大街以南、菜市口附近的果子巷万顺店居住的他，突患重病，差点离开人间。后来，幸有与他同住的湖南老乡欧阳兆熊懂医学，在其精心治疗和护理下，才逃过生死一劫转危为安。虽然大难不死，但这次

曾国藩与夫人欧阳氏

身患重病，使曾国藩深刻感受到保身养生无比重要。因此，他把保身视为人生第一重要大事。

曾国藩把保身养生作为人生第一重要大事，还有一个原因，就是家人患病造成的痛苦，使他深刻感受到保身养生无比重要。曾国藩与欧阳氏于道光十三年（1833年）十二月结婚，3年多之后，也就是道光十七年（1837年）十月初二，生下第一个孩子，并且是个男孩，取名曾纪第。曾国藩对这个孩子非常喜爱。然而时到道光十九年（1839年），曾国藩的家乡流行一种可怕的痘疫，许多人因染此病而亡。曾国藩一家竟有其满妹和儿子曾纪第以及曾国荃弟也染上痘病，经过医生及时诊治，曾国荃侥幸活了过来，而曾国藩的满妹正月二十九日因出痘而亡，曾纪第于二月初一也因出痘治疗无效死亡。

当时，曾国藩在北京参加殿试完毕　正在家中准备参加翰林院散馆考试，这期间，他亲眼看到年仅8岁的满妹和只有1岁零4个月的儿子相继因病死去，心痛如刀绞，哀痛万分。然而令他感到欣慰的是，9个月后，也就是十一月初二，次子曾纪泽诞生。

曾纪泽诞生后，曾国藩心情大有好转，但时过不久，曾纪泽一再患病，经常啼哭，特别是夜间啼哭不止，被家人称为"夜哭郎"。道光二十一年（1841年）夏间，曾纪泽大病一场，一再高烧躁闹，全家人被他闹得昼夜不安，这使曾国藩大伤脑筋。

上述种种，都使曾国藩深切体会到，人生在世，健康最重要，不论是谁，其事业和幸福，都只有在身体健康的基础上才能建立起来。正如美国著名学者爱默生所说："健康是智慧的条件，是愉快的标志……健康是人生第一财富。"

美国还有一位著名学者，名叫柯尔顿，他认为："最穷的人也不会为了金钱而放弃健康，但是最富有的人为了健康甘心情愿放弃所有的金钱。"

德国著名哲学家叔本华在认真总结了人生的经验教训后说："人类所能犯的最大错误就是拿健康来换取其他身外之物。"

曾国藩正是基于上述认识，在家教时特别提出"吾人第一以保身为要"的观念，把保身养生视为人生第一重要之事。他这种观念，显然是正确的，值得记取。

2. 督导"养生与力学"并进

曾国藩教子提出保身第一的主张，是否就不重视学业有成或把养生与力求学业有成对立起来呢？不是的。曾国藩在家中看到后辈人身体都很虚弱，读书也没有多少长进，便于同治十年（1871年）十月二十三日在家书中强调说：

养生与力学，二者兼营并进，则志强而身亦不弱，或是家中
振兴之象。两弟如以为然，望常以此教诫子侄为要。

曾国藩这样讲，显然是希望家中的后辈人既要学业好，而身亦不弱，力求学业与养生并进。如若只有健康的身体，而学业很差，或有志于学，而经常患病，两者顾此失彼，不可能有美好的人生。因此，曾国藩说"养生与力

曾纪芬

学，二者兼营并进"。他这样讲，是有道理的。

3.承袭先人的家训教导孩子早起

孩子都有睡懒觉的习惯。曾国藩在进行养生教育时，为了让孩子有好的生活习惯，故在孩子很小时就让其每天早起，不能睡懒觉。这种做法，在他们曾家不是首先由他开始的，而是他承袭先人的训导才这样做的。

众所周知，曾国藩之家早起自曾国藩的高祖父曾辅臣以来即形成习惯，并作为家规要求子孙严格照办。因此，曾家人不论是谁，也不论是在本乡居家，还是外出行旅，都必须坚持早起的习惯。

曾国藩最小的女儿曾纪芬，曾听母亲回忆于道光二十年（1840年）随祖父曾麟书从湖南赴京的情形。当时"正值隆冬，严寒昼短，携幼婢一人坐骡车，往往深暮到店，未透明即起，呵气着被边头，遂成冰冻。小儿啼号不绝，有时母子均哭，其苦况犹在心目"。

从湘乡入京，通常是乘船，然后改坐骡车，冬日行车，一个月左右才能到达。当时曾纪泽不到一岁，尚在襁褓中。曾麟书不顾这些，也不顾南方人对北方严寒的不适应，仍坚持"透明"即起。为了赶路，又暮深才许落店，由此可知他黎明即起的习惯，也可见其勤俭的家风了。

曾国藩早起的习惯，不仅受到高祖父的影响，而且也受过乃父的严督。在京做官期间，因为晏起，曾受到他父亲的申讨。曾国藩道光二十一年（1841年）二月初二的日记写道："晏起，父亲不悦。"

咸丰九年（1859 年）十月十四日，曾国藩给儿子曾纪泽写信讲述早起的家风时说：

> 我朝列圣相承，总是寅正即起，至今二百年不改。我家高曾祖考相传早起。吾得见竟希公、星冈公，皆未明即起，冬寒，起坐约一个时辰，始见天亮。吾父竹亭公亦甫黎明即起，有事则不待黎明，每夜必起看一二次不等，此尔所及见者也。余近亦黎明即起，思有以绍先人之家风。尔既冠授室，当以早起为第一先务。

这段话的意思就是说，我朝各位皇上代代相承，总是凌晨四时就起床，到现在二百年不变。我家高祖、曾祖、祖父、父亲相传早起。我见到竟希公、星冈公，都是天没亮就起床，冬天寒冷，起来坐约两个小时，才看到天亮，我父亲竹亭公也是刚刚黎明就起床，有事情就不等到黎明，每夜必定起来看一两次不等，这是你亲眼看到的。我近来也黎明就起床，想继承先人的家风。你已经成年娶妻，应当以早起为第一件要紧的事情。曾国藩这样教导儿子，由此可见他对后辈人养成早起的习惯多么重视！

4. 提倡"黎明吃白饭"

民以食为天。饮食是人们维持生命的基本要求。那么，在饮食方面应养成什么习惯？同治十年（1871 年）十月二十三日，曾国藩针对后辈人身体都很虚弱的情况，提出"以养生六事勖儿辈"，其中"一曰黎明吃白饭一碗不沾点菜"。

曾国藩为什么提倡这样的饮食呢？因为他认为，人们在清晨刚睡醒，胃口未开，不宜吃油腻的菜，所以提倡只吃"白饭一碗"。这种主张是否科学、合理？曾国藩说："此皆闻诸老人，累试毫无流弊者，今亦望家中诸侄试行之。"

5. 主张饭后散步

曾国藩为了让儿辈养成良好的生活习惯，于同治五年（1866年）七月初三，还提出饭后散步的主张。此主张，曾国藩在家书中曾多次提及。

其实，饭后散步，在我国从古至今都是提倡的。唐代名医孙思邈曾说："食毕当行步，令人能饮食，消百病。"饭后散步的确有这样的益处。因为步行时腹肌收缩，呼吸均匀、加深，腹肌和膈肌上下运动加强，可对肠胃起一定的按摩作用，从而增强肠胃的消化功能，促进肠胃的血液循环，还可对肠胃功能紊乱导致的便秘起通便的作用。

饭后散步还有一个好处，就是可缓解精神紧张，使大脑皮层得到休息和调整，增强机体的代谢，利于改善大脑的思维能力和消除疲劳，有助于健脑益智。因此，曾国藩教导后辈人养成饭后散步的生活习惯，是有科学道理的。

6. 倡导"每夜临睡洗脚"

同治五年（1866年）六月初五，曾国藩在家书中还提出希望后辈子侄养成"每夜临睡洗脚"的习惯，就是睡觉前用温水洗脚。他认为，睡前洗脚，就是为了"养心"。

这样讲，有人也许会说："洗脚能养心吗？"能！众所周知，"脚为第二心脏"。医学研究证明，脚底藏有人体健康的"密码"，健康之路就在每个人的脚下。我国古代医学专著《灵枢·本输》说："涌泉属足少阴肾经"，"肾出涌泉"。我国中医理论讲，人的"涌泉穴"就在脚心凹陷处。其意思就是说，人的心肾之经气犹如水井中的泉水一样，会从脚心凹陷处的涌泉穴源源不断地涌出，如若每天睡觉前用温水洗脚并搓此穴，就会舒筋活血，疏通心肾经气，促进血液循环，利于身体健康。正因为如此，人们都把涌泉穴称为"健康之宝穴"，并且用搓此穴的办法保健。

例如：北宋杰出的文学家苏东坡和佛印和尚关系密切，经常在一起饮酒吟诗谈天说地。有一天，苏东坡来到佛印的寺里，两人对酌谈得很融洽，不觉已是夜半更深，苏东坡只得在寺里住宿。佛印叫小和尚收拾睡觉用品，请苏东坡在他对面床上歇宿。苏东坡睡觉前，脱掉长袍靴袜，先用温水洗了脚，然后盘膝而坐微闭双目，使劲地搓起脚心来。他一会儿搓左脚，一会儿搓右脚，反复搓个不停。佛印见他这样做，觉得很可笑，便对苏东坡说："学士学禅坐，默念阿弥陀，想随观音去，家中有老婆，奈何？"苏东坡哈哈大笑："东坡擦脚心，并非随观音，只为明双目，世事看分明。"佛印听了苏东坡这样讲，便说："如此说来，学士必有养生之术，请道其详，何如？"苏东坡说："医书云：脚心涌泉穴，早晚擦百下，能导虚火降浊气，舒肝明目，故本人数十年如一日从不断，此乃吾养生术，犹如大师念经，诚则灵。"佛印深受启迪，说："怪不得学士双目炯炯有神，写蝇头小字也不为难，善哉！"从此，佛印也跟着每天洗脚擦脚心。据说，苏东坡晚年仍双目明亮有神。由此可见，曾国藩倡导后辈子侄睡前洗脚，是有科学道理的。

7.有病"三不信"

人生在世，谁都会有病。有了病怎么办？咸丰十年（1860年）十二月二十四日，曾国藩在《致澄弟》中说：

吾祖星冈公在时，不信医药，不信僧巫，不信地仙。此三者，弟必能一一记忆。今我辈兄弟亦宜略法此意，以绍家风。

道光二十五年（1845年）十一月二十日，曾国藩给父母写信说：

男头上疮癣至今未愈，近日每天洗二次，夜洗药水，早洗开水。本无大毒，或可因勤洗而好。闻四弟言家中连年生热毒者八人，并男共九人，恐祖坟有不洁净处，望时时打扫，但不可妄为动土，致惊幽灵。

咸丰八年（1858年）十二月十六日，曾国藩因三河战役致诸弟说：

吾家自道光元年即处顺境，历三十余年均平安。自咸丰年来，每遇得意之时即有失意之事相随而至。壬子科，余典试江西，请假归省，即闻先太夫人之讣。甲寅冬，余克武汉田家镇，声名鼎盛，腊月二十五甫奉黄马褂之赏，是夜即大败，衣服、文卷荡然无存。六年之冬、七年之春，兄弟三人督师于外，瑞州合围之时，气象甚好，旋即遭先大夫之丧。今年九弟克复吉安，誉望极隆，十月初七接到知府道衔谕旨，初十即有温弟三河之变。此四事者皆吉凶同域，忧喜并时，殊不可解。

咸丰九年（1859年）二月二十三日，曾国藩又给诸弟写信说：

夏家之地既经买得，可否即于三月改葬？贼氛方盛，人事之变不可知，早改一日即早放一日之心……且周璧冲之有凶煞，众议金同。自温弟遭难后，余常以七年择地不慎为悔，故此时求改葬之意尤形迫切。

同治元年（1862年）十二月十五日，曾国藩在《致沅弟》信中说：

余生平不信鬼神怪异之说，而八年五月三日扶乩，预料九江一军之必败，厥后果有三河之变。及昨二十九日写铭旌时，异香满室，余所亲见亲闻，又觉神异之不尽虚妄也。

以后，曾国藩又多次提出"三不信"的家训。有一次，他给诸弟写信说：

吾祖父星冈公在时，不信医药，不信僧巫，不信地仙。卓识定志，确乎不可摇夺，实为子孙者所当遵守！近年家中兄弟子侄于此三者，皆不免相反。余之不信僧巫，不信地仙，颇能谨遵祖训父训，而不能不信药。自八年秋起，常服鹿茸丸，是亦不能继志之一端也。以后当渐渐戒止，并函诫诸弟，戒信僧巫、地仙等事，以绍家风。

另一次，他给诸弟写信又说：

不信医药、地仙、和尚、师巫、祷祝等事，亦弟所一一亲见者。吾辈守得一分，则家道多保得几年。望弟督率纪泽及诸侄切实行之。

曾国藩还说：

弟弟如果能小心遵守星冈公的八个字（考、宝、早、扫、书、蔬、鱼、猪）、三个不信（不信佛法巫术，不信医药，不信风水先生），又小心记住愚兄去骄去惰的话，那么家中子弟就会不知不觉地一天比一天趋向恭敬谨慎。

在这三个不信中，不信僧巫、地仙是对的，曾国藩曾多次这样讲。然而实际上，曾国藩及其家人信神、信风水、信相术、信梦、信扶乩等巫术，而且将某些事物发展的必然趋势视为神的力量和命运的安排，甚至将一些本无联系的偶然现象看成必然结果，作为"天道忌满、鬼神害盈"的理论印证。例如，道光二十一年（1841年）六月二十九日，曾国藩在写给父母的信中说：

> 甲三病时，孙妇曾于五月二十五日跪许装修家中观世音菩萨金身，伏求家中今年酬愿。又言西冲有寿佛神像，祖母曾叩许装修，亦系为甲三而许，亦求今年酬谢了愿。

同治五年（1866年）二月初四，曾国藩致信已任湖北巡抚的曾国荃说：

> 弟驻扎或在黄州，或在德安、襄阳，细看再酌。一则尽瘁报国，久驻前敌，不敢安处；一则鄂省抚署，风水不利，历有明征（注：湖北巡抚自常大淳后又连续死多人），亦可稍避。避之以正，非专为私也。

因同一问题，又于四月初三去信交代说：

> 纪泽母子至弟署，不宜久住，前信已言及之。纪瑞侄母子至鄂，亦不宜久住署中。风水之说，亦有不得不信者，望细思之。

四月二十一日再次去信说：

> 惟风水之说，余平日不信，于鄂抚一署，却为惴惴，将来仍以改驻襄阳等处为是。

上述这些情况充分说明，曾国藩及其家人封建迷信思想是很严重的。

在曾国藩所说的"三不信"中，他除了说不信僧巫、不信地仙，还有一个"不信"，就是"不信医药"。有病，必须吃药医治，是人所共知的，而曾国藩为什么不信医药呢？有一天，曾国藩接到儿子曾纪泽的信，得知曾纪泽患了病，于是便于咸丰十年（1860年）十二月二十四日给其写信说：

> 药能活人，亦能害人。良医则活人者十之七，害人者十之三；庸医则害人者十之七，活人者十之三。我无论在乡还是在外，眼睛所见的全是庸医。我生怕他们害人，所以近三年来，决不服医生所开的药，也不许你们吃医生所开的药。道理极为明显，所以说起来也就极为恳切，希望你敬听之遵行之。

过去，乡村医药不发达，庸医开的药能活人，也能害人，是众所周知的。但不能说医生都是庸医，更不能不许家人吃医生开的药。有病不吃药，那怎么办呢？曾国藩认为，散步是养生的好办法。他给患病的儿子曾纪泽出主意说：

> 每天饭后行数千步，是养生家的第一秘诀。你每顿饭吃完以后，可到唐家铺走一趟，或者去澄叔家走一趟，往返大约有三千步。如果你能坚持走三个月，一定收效甚大。

饭后散步，有助于消化，利于血液循环，的确是颇为有益的健身之法，所以人们常说："饭后百步走，活到九十九。"然而从另一方面来说，散步不可能包治百病。如若按照曾国藩所说，有了病不吃药，每天饭后行数千步，病重的人显然不行。由此可见，曾国藩给曾纪泽出的这个主意，不能完全照搬，有了病必须到正规医院诊治。

第十章

曾国藩教子为人处世之道

我们都知道，人是社会的人。人在社会中生活，必然要同各式各样的人打交道。曾国藩为了让孩子适应社会，懂得并且善于交际，以便能在人生的征途中游刃有余展现美好的自我，故在进行家教时，特别重视为人处世的教育。在这方面，曾国藩的许多做法，很值得我们当今社会的广大家长学习。

1. 教导孩子为人处世"一不"加"三不"

曾国藩认为，人生在世，如若想得到众人敬重，必须首先做到"一不"加"三不"。即他于道光二十七年（1847 年）六月二十七日提出的"不肯轻受人惠，情愿人占我的便益，断不肯我占人的便益"；他于道光二十八年（1848 年）六月十七日提出的"不贪财、不失信、不自是，有此三者，自然鬼服神钦，到处人皆敬重"。其子孙，在曾国藩这样的教导下，都自觉做到"一不"加"三不"，因而都得到众人的敬重。

2. 善待亲族邻里

为人处世，曾国藩认为还必须善待亲族邻里。为了让家人深刻认识善待亲族邻里的重要性，他于道光二十四年（1844 年）十二月十八日在家书中说："至于宗族姻党，无论他与我家有隙无隙，在弟辈只宜一概爱之敬之。孔子曰'泛爱众而亲仁'，孟子曰'爱人不亲反其仁'，'礼人不答反其敬'。……古来无与宗族乡党为仇之圣贤，弟辈万不可专责他人也。"

道光二十九年（1849 年）三月二十一日，曾国藩针对社会上存在的不讲情谊的情况指出："大凡做官的人，往往厚于妻子而薄于兄弟，私肥于一家而刻薄于亲戚族党。"

为了在善待亲族方面为子弟做出好样子，咸丰四年（1854 年）十一月初七，曾国藩有一位名叫魏荫亭的亲戚从湖北曾国藩处回湖南，便让魏带银一百两，特别交代，将这些银两"以三分计之。新屋人多，取其二以供用；

老屋人少，取其一以供用。外五十两一封，以送亲族各家，即往年在京寄回之旧例也"。

咸丰十年（1860年）闰三月初四，曾国藩在《谕纪泽》中说："昔吾祖星冈公最讲求治家之法……凡亲族邻里来家，无不恭敬款接，有急必周济之，有讼必排解之，有喜必庆贺之，有疾必问，有丧必吊。"闰三月二十九日，曾国藩在《致澄弟》中谈到祖父曾星冈以书、蔬、鱼、猪、早、扫、考、宝八字为家训时说："宝者，亲族邻里，时时周旋，贺喜吊丧，问疾济急，星冈公常曰人待人无价之宝也。"

同治五年（1866年）六月初五，曾国藩在《致澄弟》中说："老亲旧眷、贫贱族党不可怠慢，待贫者亦与富者一般，当盛时预作衰时之想，自有深固之基矣。"

3. 慎交朋友

人生在世，不论是谁都会在社会上结交一些朋友。提起交朋友，曾国藩便想起祖父曾星冈年轻时的往事：曾星冈年轻时，因为家境较好不愁吃穿，生活无忧，对读书不感兴趣，所以经常与本地一些不务正业的人混在一起，并且成为关系密切的朋友。在这样的情况下，曾星冈为了消磨时光，便经常骑着马"往返湘潭市肆，与裘马少年相逐，或日高酣寝"，被乡亲"讥以浮薄将覆其宗者"，即大家都认为他将来肯定是一个败家子。后来，到了三十五岁那一年，他在几位亲友的劝告说服和严厉批评指责下，认识到自己的错误，决心改错重新做人。从此，他不再与过去那些游手好闲的所谓的"朋友"交往，一心务农。为了增加家庭经济收入，他"入而饲豕，出而养鱼"，一年四季，"彼此杂职"，无稍空闲。他还热心公益事业，乐于助人，做了许多修桥补路、恤孤济贫的事，受到乡亲们的称赞。

祖父的往事，使曾国藩深刻感悟到，人生在世，一定要慎交朋友，否则便会走上人生的邪路。因此，他在对子孙后代进行为人处世教育时，曾说："一生之成败，皆关乎朋友之贤否，不可不慎也。"其意思就是说，人生在世，交什么样的朋友，关系到人生的成败。因此，对交朋友这件事必须慎重。曾国藩的子孙牢记其教导，以慎重的态度结交了许多品德高尚、对事业努力奋进的好朋友，因而得到许多有益的帮助。

4.不可仗势欺人

曾国藩的权势，在其家乡无人可比，因而他的几个弟弟经常仗势在本地作威作福，尤其是他的大弟曾国潢。曾国潢，原名曾国英，派名传晋，呈澄侯，行宽四，曾国藩在家书中多称澄弟，有时称四弟。因为他不爱读书，仕途无望，曾国藩便让他在家协助父亲管理家务。

曾国潢在家乡，倚仗曾国藩的权势横行乡里。道光二十九年（1849 年），他在家乡组织了"安良会"，蛮横对待"吃排饭"的饥民。咸丰年初，他协助朱孙诒办团练，滥杀无辜。

早在嘉庆年间，湖南湘乡县同德里有一人名叫王佐，他独自筹资在永丰建了一座石桥。到咸丰年间，这座桥因年久已倾圮。王佐的后辈有一个名叫王友交的，为了重修此桥，组织本家族的人出钱出力，经过两年时间将桥修造完工。当地有个习俗，就是新建或重修的桥，第一次开放通行时，要请本地头面人物或德高望重的族长先从桥上走过，称为"试桥"。王友交等人将桥重修好后，在商议试桥问题时，有人提议请曾国潢试桥，但是许多人都不同意，认为曾国潢是将相之家的主管，身架大，难以请动。有人还说："王姓人修桥，何必要请曾姓人来试桥呢？"王友交听了大家这样讲，觉得有道理，便决定自己来试桥。可是刚试完桥，曾国潢不请自到。他见王友交已试过桥，立即怒容满面，从此怀恨在心。

咸丰九年（1859年），太平军围攻安庆，震动湘乡，县令赖史直檄绅团戒备，推王友交任绅团的练事。王因重病在身，不能应命。曾国潢得知这个情况，为了对王友交进行报复，便诬告其"通匪"。同治元年（1862年）七月的一天，骄阳似火，曾国潢命从卒用绳索缚住王友交拴于马尾，然后策马飞奔，解赴长沙。王摔倒在地，被拖撞得血肉模糊，惨死在途中。

王友交惨死的事传开后，乡亲们特别是王友交家族的人都无比愤怒，大家鼓动王家上京告状，并主动捐资。当时曾国藩正在军营，得知其弟横行乡里残害百姓，想了许多办法对王友交家人进行劝解，并赔偿了一些钱，才了结此事。

这件事虽然平息下来，但给曾国藩触动很大。以后，他再三告诫子弟："官宦人家，门庭太盈，万目所瞩，不能不慎之又慎。"还说："我家气运太盛，不可不格外小心，以为持盈保泰之道。"也就是说，如若仍继续仗势欺人，在本乡横行霸道作威作福，就会给家庭造成灾难。在曾国藩的教导下，他的子孙平易近人，可以说没有仗势欺人的情况。

5. 在外当官不要干预家乡公事

有的人在外当官，特别是当大官，常有要权威干预家乡公事的情况。曾国藩认为，这样干预公事是不好的。其家人打着当官者的牌子，去干预地方的公事，显然会在社会上造成不良影响。因此，他告诫家人说："凡乡绅管公事，地方官无不衔恨。无论有理无理，苟非己事，皆不宜与闻。地方官外面应酬，心实鄙薄……其负疚当何如耶？"

道光二十六年（1846年），曾国藩为了不让父亲在家乡出入衙门管闲事，于正月初三给父亲写信说："前信言莫管闲事，非恐大人出入衙门，盖以我邑书吏欺人肥己，党邪嫉正，设有公正之乡绅，取彼所鱼肉之善良而扶植之，取彼所朋比之狐鼠而锄抑之，则于彼大有不便，必且造作谣言，加我以不美之名，进谗于官，代我构不解之怨。而官亦阴庇彼辈，外虽以好言待我，实则暗笑之而深斥之，甚且当面嘲讽。且此门一开，则求者踵至，必将日不暇给，不如一切谢绝。"

咸丰元年（1851年）八月十九日，曾国藩针对几个弟弟在家乡爱出头露面干预公事的情况，说："凡行公事，须深谋远虑。此事若各绅有意，吾家不必拦阻；若吾家倡议，则万万不可。"就是说，家乡的一些公事，如乡绅们都有意去做，就不要阻拦；有的事别人没有提出，就不要首先提出倡议，以免地方官员感到为难。

有的事，特别是有特殊关系的人求办事，于理于情无疑应当办，又不便直接出面，怕造成干预地方公事或以势凌人的不好影响，遇到这种情况，曾国藩就教导子孙采取"曲意相助"的办法。在曾国藩的家乡，至今流传着一个曾国藩"一把折扇助干爹打赢官司"的故事。具体情况是这样的：

同治年间，衡阳有一个憨厚而倔强的农民，曾国藩少年时认他为"干爹"。那年清明节扫墓时，他与人发生了一场纠纷。对方仗着有钱有势，硬是将自家的坟墓迁到他家的祖坟上来。官司从湘乡县打到了衡州府，由于对方用钱铺路，官司总是占上风。老头儿咽不下这口气，被逼无奈，想要上吊自尽。有个朋友提醒他："你呀，真没有用。人家有钱，你有势嘛，打赢这场官司还不是小菜一碟！""我一个平头百姓，有什么势呢？"老头儿好生奇怪。那位朋友提醒他说："你不是有个干儿子在南京做两江总督吗？他一人之下，万人之上，天下有谁不知道其大名？你去求他给衡州府写个二指宽的条子，保险你把官司打赢"。

"哎，是呀！好办法，我怎么没想到呢？"他受到朋友启发后，凑足盘缠，背上包袱、雨伞，就直奔南京去找曾国藩。

总督衙门是不能随便进去的。他还未过门槛，衙役就大声喝问："站住！你是干什么的？"

"我找干儿子。"老头儿壮着胆子回答。

"谁是你干儿子？"

"宽一。"

"宽一是谁？"衙役不知道"宽一"是曾国藩的乳名，见这老头儿土里土气的，说什么也不让他进去。

一会儿，一顶轿子出门了，衙役忙把老头儿拉开，老头儿硬是不肯走。老头儿想，轿里坐着的也许就是干儿子，便试探着喊了一声"宽一"！曾国藩一听非常奇怪：这里怎么会有人喊我的乳名呢？他连忙叫轿夫停住，下轿后又惊又喜地说："这不是干爹吗？您老人家怎么到这里来了？"于是便打道回府，将干爹接进自己住宅。曾国藩夫妇热情招待，问长问短，打听家乡的情况。当老头儿转入正题，说明来意时，曾国藩打断他的话："暂莫谈这个，你老人家来一趟南京不容易，先游览几天再说吧。"

老头儿一口湘乡土话，别人听不懂，曾国藩特意委托一个来自湖南同乡的衙役陪同老头儿去玄武湖、秦淮河、夫子庙等名胜处游览了三天。老头儿实在按捺不住了，他是为打官司而来的，哪有心思游山玩水？便向欧阳夫人说明来意，求她向宽一进言，给衡州府下个二指宽的条子。欧阳夫人将老头儿的要求向曾国藩转达，曾国藩听了叹了一口气，说："这怎么行呀？我叫我弟弟不要干预地方公事，如今自己倒在千里之外干预起来了，这岂不是自己打自己的嘴巴？"欧阳夫人说："干爹是个本本分分的老实人，你总不能眼看着老实人受欺侮，而不肯主持公道呀！"

这倒也是，曾国藩动了心。可是怎么做得巧妙些呢？第二天，正逢曾国藩接到谕旨升迁官职，南京文武官员都来贺喜，曾国藩在督署设宴招待。老头儿被尊坐上席。敬酒时，曾国藩特意向大家介绍了这位湖南来的干爹。文武官员听了，一个个起身致敬，弄得老头儿很不好意思。接着曾国藩把这个老头儿大大夸赞了一番。说着，从衙役手里接过用红绫包着的小盒子，打开后拿出一把折扇，又对各位官员说："我准备送干爹一个小礼物，各位看得起的话，请在这把折扇上题留个芳名，做个永久纪念吧。"大家放下盅筷，接过一看，只见折扇上已写好了上款与落款。上款是"如父大人侍佑"，下款是"如男曾国藩敬献"。堂堂两江总督竟对这个土里土气的老头儿如此恭敬，于是，大家也一个个认真地签上自己的名字，有的还题了诗句，把折扇两面都写得满满的。

席终客散，老头儿回到卧室，手捧着红绫包，在欧阳夫人面前嘀咕着："宽一呀宽一，一张两指宽的条子你不肯写，却要这么费事，在这个玩物上写

102

这么多字，有啥用呀！"欧阳夫人接过红包打开一看，不觉大吃一惊："干爹呀，恭喜，恭喜！""喜从何来？""干儿子给您的这个，可是一个大宝哩！"老头儿更是被说得一头雾水，大感不解："一把折扇又不是尚方宝剑，算什么大宝？"欧阳夫人告诉他："这同尚方宝剑一样管用，任他多么大的官，见到此扇都会有灵验，还能逢凶化吉呢！"

一番话说得老头儿心里热乎乎的。刚回到家，衡州知府升堂，老头儿手拿折扇，大摇大摆地走了进去。在那个时代，手拿折扇上堂，就是藐视公堂，要受惩罚的。衙役喝令："把扇子丢下！"老头儿傲慢地说："这个宝贝可丢不得，是我干儿子送的。"知府大怒，惊堂木一拍："放肆！拿上来！"知府接过折扇一看，"嗯？……"翻过来覆过去看了之后，又将老头儿从头到脚打量一番，喝令，"退堂！"后来，知府用轿子把他接到家去，问明了这把折扇的来历，便热情地款待了他。他的这场官司也就顺顺利利地打赢了。

送给老头儿这把签满名字的折扇，意在让地方官给老头儿面子，又不用自己直接说出，不使自己以后没有否认的余地，免于干预地方公事之嫌。这一招实在高明！

以后，曾国藩的子孙在外当官，也采取"曲意相助"的办法，为家乡亲友办了一些合情合理的事，而没有干预地方公事之嫌，因此，受到亲友和地方官绅的称赞。

6.从波平浪静处安身

同治三年（1864 年）六月十六日，曾国荃率湘军攻克天京，剿灭了太平军后，朝廷论功封赏，曾国藩获封一等侯爵，赏太子太保衔，世袭罔替，并赏戴双眼花翎；曾国荃封一等伯爵，赏太子少保衔，并赏戴双眼花翎。兄弟同日封赏侯伯，不仅清朝二百多年来绝无仅有，也是旷古奇事。此时曾氏兄弟的荣耀和权势可以说达到了巅峰。在这样的情况下，曾国藩居高思危，想到"飞鸟尽，良弓藏，狡兔死，良狗烹"的历史教训，禁不住不寒而栗，深恐自己骤遭不测之灾，甚至招致杀身之祸。因此，他于同治三年（1864年）九月初三，在致曾国荃的信中说："功成身退，愈急愈好。"

同治六年（1867年）正月二十二日，曾国藩又给曾国荃写信说，人生在世，"从波平浪静处安身，莫从掀天揭地处着想"。二月初五，曾国藩对曾国潢说："大约凡作大官，处安荣之境，即时时有可危可辱之道，古人所谓富贵常蹈危机也……平世辞荣避位，即为安身良策；乱世仅辞荣避位，尚非良策也。"

在曾国藩这样的思想理念的指导下，他的子孙后代为人处世都有"从波平浪静处安身"的观念，居高思危，功成身退，从而获得一生的平安。

第十一章

曾国藩孙辈的人生景观

　　曾国藩的长子曾纪第因幼殇，故无后人。其次子曾纪泽有3子3女，第三个儿子曾纪鸿有5子1女。也就是说，曾国藩的孙辈，共有8个孙子、4个孙女。但不幸的是，曾纪泽的长子曾广铭幼殇，第三个儿子曾广阳8岁病亡，第三个女儿曾广秀幼亡，曾纪鸿的次子曾广钊也是幼殇，因此，曾国藩只有5个孙子、3个孙女成人。因为深受祖父曾国藩家教的影响，曾国藩的孙辈都非常出色，他们有的出使国外成为清代最年轻的大臣，有的是文武兼备的新派人物，有的是曾家第一个基督教徒，有的是才华横溢的女诗人，展现出不同的人生景观。

1. 承父荫做过出使大臣的曾广铨

曾广铨，字靖彝，号敬怡，本系曾纪鸿第四子，后来由曾纪泽夫妇抱养，便成为其养子。曾广铨成为曾纪泽的养子，其因由是这样的：

同治十年（1871年）正月十八日，曾纪泽继配夫人刘氏在金陵两江督署生下曾纪泽的第一子，取名曾广铭。在曾广铭出生的那个月的二十六日，曾纪鸿夫人郭筠又生第四子，这个孩子就是曾广铨。

在几天之内，曾国藩有两个孙子出生，因此甚为喜悦。可是半年后，即七月二十三日，曾纪泽之子曾广铭因病死去。爱子夭折，曾纪泽夫妇甚为悲伤。郭筠怜兄嫂悲哀过度，便提出将曾广铨过继给曾纪泽夫妇抚养。后来，由曾国藩做主，于同治十年（1871年）十一月二十二日，曾广铨正式过继给了曾纪泽夫妇为子。

以后，曾纪泽夫妇又生两子，一个名叫曾广銮，另一个名叫曾广阳。因为曾广铨仍为曾纪泽养子，故将曾广銮称为第三子，将曾广阳称为第四子。

曾广铨作为曾纪泽的养子，没有辜负父辈的厚望。他一生勤于治学，从政以俭养廉，出使国外不失国体，其人生风采值得一观。

（1）清代最年轻的大臣

曾广铨自幼受其祖父的庭训，聪明好学。光绪四年（1878年）七月，曾纪泽奉旨出使英、法，曾广铨当时7岁，随同前往，在国外先后生活了7年。曾广铨初步接触到西方国家的风土人情，并且学习掌握了英、法国家的语言，为以后参与国际交往打下了一定基础。

光绪十六年（1890年），曾纪泽去世后，曾广铨承父荫，由二品荫生特赐兵部主事员外郎。光绪十九年（1893年），被派驻英使馆任参赞。光绪二十五年（1899年），在英国任期满后回国。光绪三十年（1904年），以候补五品京堂、二品衔钦差身份任出使韩国（今朝鲜）大臣。当时，他年仅33岁，为清代最年轻的大臣。

（2）"以俭养廉"传佳话

曾广铨出使国外，不论是在英国还是在韩国，他都牢记祖训，自觉坚持以俭养廉，被清廷誉为"良臣"。随后，他担任过福建兴泉永兵备道、云南迤西兵备道、云南粮储道等职，同样坚持以俭养廉，因而受到高度赞誉，被传为佳话。1911年辛亥革命爆发，他辞官归乡，直至1940年去世，再也没有涉足政界。

（3）"好男不吃分家饭"

1930年冬天，曾纪鸿夫人郭氏率家人回湘乡老家分配家产，曾广铨主动提出不继承遗产，对曾纪泽的遗产他也分文不取。曾纪泽在世时曾将家产分成九份，其中有他的一份，但他的态度是："好男不吃分家饭，不用分家之钱。"《曾宝荪回忆录》记载，曾广铨"此志一直到日本人将要打入北平，五叔仓皇逃到长沙，才由二弟动用分家田产供奉老人，直到老人在香港去世。综观其一生，最后五年用了遗产，也是因为时事环境所迫，不然他真可说'好男不吃分家饭'了"。所以，曾家后辈都很敬重他的人品。

2．文武兼才的新派人物曾广钧

曾广钧，又名伋安，字重伯，号怀远，又号约思，生于同治五年（1866年）

八月初十,系曾纪鸿的长子。他才华横溢,思想开明,是文武兼才的新派人物。

（1）少年得志

曾广钧从小聪明伶俐,"凡是他要学的,则无所不能"。大人教他识字,他很快认识,6岁时就能认得许多匾额楹联上的字句,10多岁时即能作诗文,常与长者唱和。12岁那年,他写了一首名为《丁丑人日敬寄京师呈家》的诗,受到亲友们高度称赞。光绪七年（1881年）,父亲曾纪鸿去世,他被特授举人,年仅15岁。光绪十二年（1886年）,他入京考二等,改庶吉士。光绪十五年（1889年）二月,又入京会试,中进士入翰林,时年23岁,是翰林院最年轻者,被称为"翰苑才子"。

（2）诗界的八贤之一

曾广钧中进士入翰林院后,虽然跻身封建科考的最高层,后来也做了官,但他的最大兴趣却在于作诗,这可能与家学渊源有关。他的祖父曾国藩、母亲郭筠都爱写诗,并且所作的诗在近代中国诗学史上占有一定的地位。曾广钧本人生性浪漫,见闻广博,交游颇众,为他作诗提供了有利的条件。他所作的诗,除了讲究声调铿锵、对仗绮丽之外,更重有感而发,不作无病呻吟之作。他在1900年所写的悼念光绪帝妃子的《庚子落叶词》十二首,极受文人称赞。由于他在诗界很有名声,当时许多著名诗人,如陈三立等都同他有密切往来,经常在一起唱和诗文,切磋诗艺。他的诗作非同一般,其被梁启超赞誉为"诗界八贤之一"。

（3）生活放荡不拘小节

曾广钧还有一个特点,就是生活放荡不拘小节,性格豪爽不转弯抹角。不管是名胜古迹,还是花街柳巷,他要去哪就去哪,想干什么就干什么,从不理会世俗的眼光。他一生娶了五位夫人，可以说是妻妾成群，是一位典型的花花公子。

曾广钧思想开明，不受封建礼教的束缚，对儿女的人生选择和兴趣爱好以及婚姻等，都尊重他们的意愿，从不干涉。最典型的事例，是他的女儿曾宝荪提出要信奉基督教，还要到国外留学，祖母郭筠坚决反对，而曾广钧却表示支持。就这样，曾宝荪不仅加入了基督教，而且到英国留学，因此她对父亲非常感激。

（4）带兵从军作战

光绪二十年（1894年），甲午中日战争爆发之后，李鸿章的淮军纷纷战败。在这样的情况下，曾广钧奉旨"记名"出使大臣，任湘鄂四十九营总翼长，统领钢武马炮队5000人出国援助朝鲜。后来因中日讲和，曾广钧带兵到朝鲜未正式开战。不过，这说明他能带兵，具有一定的军事才能。

（5）厌恶官场绝仕途

光绪二十五年（1899年），曾广钧奉旨到广西武鸣府（今武鸣县）任知府。当他到桂林去见广西巡抚时，按规矩应当行跪拜礼，而他长揖不跪拜。有人问他："为什么这样无礼？"他说："厌恶官场，不迎奉上司。"这说明他眼见国事日非，政治腐败，无意再在官场混饭吃了。特别是后来在戊戌变法的思想的影响下，堂弟曾广河因参与变法维新被逼自杀后，曾广钧对以慈禧为首的后党专权失去了信心，羞与贪官污吏、庸人贼子为伍，对政治的兴趣越来越淡薄。1900年义和团运动期间，八国联军侵占北京后，慈禧太后等预先仓皇西逃，弄得京都不保。这时，曾家先后又有两人病死于北京，堂弟曾广銮家被洋人抢劫一空，看守房屋的曾家仆人都遭到惨杀，曾广钧更加对政治失去兴趣，从此不再参与政治。《曾宝荪回忆录》记载，曾广钧以后"便绝仕途，只想略为振兴些农、矿实业来富国裕民，而不问政事"。曾广钧于中华民国十八年（1929年）十月十一日去世，享年63岁。

3. 从官吏到基督教徒的曾广钟

曾广钟，字君融，又字季融，号葆光，生于光绪元年（1875年）正月十四日，系曾纪鸿的第五子。因为他的伯父曾纪泽生有3子，即曾广铭、曾广銮、曾广阳，而他又有4个哥哥，即大哥曾广钧、二哥曾广钊、三哥曾广镕、四哥曾广铨，曾广铭早夭，所以他大哥曾广钧之女曾宝荪在回忆录中称他为"七叔"。

曾广钟的人生很有特色，他从过政，带过兵，退出政界后却成了虔诚的基督教徒。

（1）典型的贵公子

曾广钟小时候长得白净聪颖，很受家人喜爱。但因为他是曾纪鸿的"满崽"，家人对他娇生惯养。在他6岁时他的父亲离开人世后，家人对他更是管教不严，他便受到社会上的不良影响，沾染了许多坏习气，游手好闲，不务正业的事他都积极参与。对他这种行为表现，《曾宝荪回忆录》做了详细记述：

> 七叔（在广字辈中排行第七）少时，也是与我父亲一样的世家习气，养尊处优。年轻时喜欢在家唱唱戏，虽未玩票彩排，但家中制作戏衣很多。又喜玩刀舞剑练架势，家中旧式的兵器如剑、戟、单刀、金背大砍刀等不少。另外也喜欢各种博弈如围棋、象

棋均甚精湛，赌博如牌九、番滩、麻将、单双骰子、轮盘赌等也一一会来。有次在一个宴会中——那时他老人家已不玩赌博了——看见人家在压单双宝，他看了一会，忽然劝众人不要玩了。众人指责他说教。他说："不是说教，这副骰子是有舞弊病的，有几个角磨圆了。你看我怎么摇法吧，要单就单，要双就双。"这时众人心服，便转而向庄家吵着退钱，还是由七叔要庄家把赢得的钱退还给大家一半。当时庄家说这骰子是向人家借来的，这才勉强息事。

上述曾宝荪的记述说明，曾广钟在青少年时期，诸如唱戏、习武、玩弄刀剑以及下棋、赌博等，样样在行，可以说是一位典型的风流贵公子。

（2）热心新式教育

曾广钟因为兴趣广泛，思想开明，所以易于改变旧观念，乐于接受新事物，与时俱进的事他都积极支持。

在19世纪末20世纪初，尽管西方文化已经逐渐深入中国，中国传统文化已经进入新的历史时期，但一般官僚士大夫们仍然依恋着旧式专制制度，对于"女子无才便是德"的陈腐观念谨守不移。因此，大多反对女孩子进新式学校读书，更不赞同去国外留学，而曾广钟却不是这样，他主张男女平等，提倡女子接受新式教育以提高自己的社会地位。1918年，曾宝荪在长沙筹设艺芳女校时，曾广钟积极予以大力支持。艺芳女校董事会就是在他和其他人的支持下成立起来的。后来，曾宝荪加入基督教和出国接受西式教育，曾广钟也是大力支持。当有人向曾宝荪提起曾广钟时，曾宝荪说："我七叔对于我们接受教育贡献很大"，"得他的启示不少，真的感谢"。

（3）从政带兵显才能

光绪二十年（1894年）曾广钟19岁，未经寒窗苦读科考，便被朝廷以正一品荫生特用为同知，让他统领忠、恕两营，率湘军5000之众到朝鲜去接替其兄曾广钧的钢武军。因为他过去未从军时在家乡经常玩刀舞剑练架势，所以在军中表现出勇敢善战的军事才能。从朝鲜回国后，他奉旨到浙江任候补道，在杭州等地做官多年，直到1911年退出政界。

（4）曾家第一个基督教徒

宣统二年（1910年）对曾广钟来说，是其思想发生巨大变化的一年。促使他的思想发生巨大变化的，主要有两个情况：一是他的第三子曾昭树，年仅9岁因患白喉病医治无效死亡。曾广钟对这个孩子非常喜爱，此子死亡后，他内心感到很痛苦，促使他深刻思考自己的人生。二是他看到西方资本主义列强一再对中国发动侵略战争，而清政府软弱无能步步退让，加上革命党人不断发动革命运动，面对这种情况，曾广钟便对清政府失去了信心，不再关心国事，转而研究宗教。他阅读了一些有关基督教教义的书籍后，思想深受其影响。就这样，在家事和国事都极度不顺的情况下，他开始信仰基督教，成为曾国藩家族第一个基督教徒。

曾广钟加入基督教后，做的第一件事就是根据基督教教义中控制一切欲望的信念，戒掉了吸食鸦片的习惯。《曾宝荪回忆录》记载："七叔因少年时骑马出关打仗，得了所谓'骑马痛'，痛苦异常，当时只好借抽鸦片烟止痛，久而久之便抽上了瘾。"而他加入基督教后，在其教义的感化和约束之下，居然只用七天七夜的时间，便将吸食了多年的鸦片烟戒掉了。对他戒鸦片烟的情况，《曾宝荪回忆录》是这样记述的："七叔因信了教，下决心硬要戒绝鸦片烟，躺睡在床上七日夜，眼泪、鼻涕双流，汗出如雨，痛苦呻吟，辗转床笫间数日，精神、肉体痛苦异常，'烟'毕竟是庆幸地戒绝了。"

然而，有意思的是，曾国藩在年轻时也是吸烟成瘾，因此在私塾有"烟棍"之称。后来，中进士做官京城之后，以程朱理学之义约束自己下决心戒烟，但断断续续坚持了两三年的时间才戒掉烟瘾。曾广钟则用西方基督教教义促使自己戒除鸦片烟瘾，而且只用了七天七夜的时间。祖孙俩戒烟相同的一点是意志的坚定性，这种意志的坚定性都有具体理论做指导。不同的是，曾国藩吸的是毒瘾较轻的水烟，且戒烟时间花了几年；而曾广钟吸的是鸦片烟，只花了七天七夜就戒掉了。由此可见，曾广钟信奉基督教教义已达到完全信服的程度。

曾广钟加入基督教后做的第二件事，就是在自己信教的同时，千方百计向别人传教。为了传教，他在长沙组织筹办了一个基督教自立会。在他的宣传影响下，他的姑妈曾纪芬、侄女曾宝荪、侄儿曾约农等也都加入了基督教。

曾广钟加入基督教后做的第三件事，就是于 1918 年在曾宝荪、曾约农姐弟的帮助下，在长沙浏阳门外购买了一块地皮作为他传教的场所。尽管这里交通极不方便，而且还是极为贫困、落后的地区，但曾广钟不顾家人的劝告，执意要在这里建教堂。他的理由是：我在这里建教堂，正是要"与贫苦的人作工"。在他的执意坚持之下，教堂于 1921 年开始动工兴建。然而，教堂尚未完全建成，曾广钟就在 1923 年因浮肿病去世了，时年 48 岁。

4．才华横溢的女诗人曾广珊

曾广珊，晚年自号心杏老人，义号辉远老人，生于同治十一年（1872 年）

二月二十七日，系曾纪鸿之女。她才华横溢，是有名的女诗人。其子女不是功成名就，就是与地位显赫之家结亲，因而探究有关曾广珊的情况，可加深对曾国藩家族的认识。

（1）深受母亲影响

曾广珊的母亲郭筠，出身于湖北蕲水县一个书香之家，自幼接受传统文化教育，不像一般女子只知做针线活之类的闺房必经科目。她聪明好学，求知欲强烈，不仅努力学习普通的文化知识，而且喜爱写诗。

同治四年（1865年），郭筠与曾纪鸿结婚之后，在精心做好家务的同时，还利用空闲时间读了许多书。《十三经注疏》《御批通鉴》等大部头的书，她都认真读过。与曾纪鸿生活在一起，夫妇俩常常是清茶一杯，静坐一室，唱和诗文，谈论做学问的乐趣。

曾广珊在这样的家庭里成长，无疑深受母亲的影响，因此她从小对作诗填词便有浓厚的兴趣。以后，随着年龄增大，她写了许多对仗工整、格调清新的诗篇。例如，她所作《和寅恪六甥咏海棠感怀原韵》等诗，都是受到高度评价的杰作。20世纪90年代初，她的儿子俞大维将其160多首诗作汇编在一起，结集为《鬈华仙馆诗钞》出版，在社会上广为流传。

（2）家教有方，儿女功成名就

曾广珊成年后，与俞明颐结婚。俞明颐，浙江山阴（今绍兴）人，其父俞文葆曾在京做官，大哥俞明震曾任职于湖南矿务总局，妹妹俞明诗是湖南巡抚陈宝箴的儿子陈三立的继配夫人。俞明颐本人，担任管理湖南教育方面事务的官职，对教育理论和方法颇有研究。曾广珊则对曾氏家训领悟颇深。因此，他们夫妇对子女既重视严格管教，又讲究教育方法，所以效果特别好。

在他们的培养、教育下，10个子女，不是功成名就，就是与地位显赫之家结亲。儿子俞大维曾任国民党当局的"国防部长"，另一个儿子俞大绂曾任北京农业大学校长、著名教授，女儿俞大因是北京大学著名教授，女婿曾昭抡曾任新中国高教部副部长，女儿俞大彩的丈夫傅斯年是著名的学者。而孙子俞扬则与蒋经国的女儿蒋孝章结为夫妻。曾广珊的子女或功成名就，或与社会地位显赫的人家结亲，显然与她的家教有方有很大关系。

（3）女儿俞大缜传述曾国藩拒当皇帝

对曾国藩其人，在社会上曾广泛流传他拒当皇帝的事。这件事是怎么传开的？对此可追溯到曾广珊的女儿俞大缜的传述。

1964年秋到1965年春夏间，全国报刊曾经展开过李秀成问题的大讨论，讨论的焦点是李秀成写"自供"向曾国藩乞降的问题，当时把李秀成定性为叛徒。曾国藩的曾外孙女、北大西语系教授俞大缜认为有必要把曾家所传的李秀成学姜维伪降的口碑提出来为李秀成辩诬，她曾给周恩来总理写信道及此事，没有得到回音。后来发生"文化大革命"，此事只得搁置一边。"文化大革命"结束后，她感到自己身体不好，怕口碑失传，所以主动要求把此事告诉给"太平天国"史专家罗尔纲。那时罗尔纲身体也不好，于是就委托贾熟村先生登门访问了俞教授，并做了一篇访问记：

　　1977年10月28日上午9点半，我（贾熟村）和卞之琳同志到了俞家。俞先生说关于此项口碑，她曾经给周恩来总理写过，后因"文化大革命"开展了，没有得到回信。这个口碑是这样的：1946年秋，她路过南京，探望她的母亲曾广珊。有一天，她母亲和家中几个人在卧室内聊天，从她母亲的出生地的清朝两江总督衙门，谈到天朝宫殿，谈到了李秀成。后来她母亲又亲口对她说，李秀成劝文正公当皇帝，文正公不敢。这一段话，我当时记录上写的是："李秀成劝曾国藩当皇帝，曾国藩不干。"俞先生更正说："不是，原话是：'李秀成劝文正公当皇帝，文正公不敢。'不是曾国藩，是文正公，不是不干，是不敢。"她又说，"我的母亲是虔诚的基督徒，是决不说谎话的。"

我问俞先生，这样的话，不知你母亲是从谁那里听到的？俞先生说，她的母亲是曾国藩死后二十多天生在南京两江总督衙门的，没有见过曾国藩。她小时候，是生活在曾国荃衙门的，有可能是听曾国荃说的，也有可能是听曾纪泽说的，也有可能是听外祖母郭筠说的，郭筠是有学问的人，不是一般的家庭妇女，不作无稽之谈的。

然后俞先生又把话题转到《李秀成供状》的真伪方面。她说：《李秀成供状》是真的，他是想学姜维的。这个供状原稿，由曾国藩传给儿子曾纪泽，曾纪泽后来传给他的过房儿子曾广铨，曾广铨又传给儿子曾约农。俞先生的父亲从曾约农处借阅过这份原稿。前广西通志馆也曾通过曾昭桦到曾家抄过这份原稿。张元济曾要求曾家拿出影印，稿费可供曾家拿去办一间学校，曾家没有答应。到1963年（应为1962年），这份原稿才由曾约农拿出在台湾影印出版。

1977年12月16日，俞大缜在患白内障很严重的情况下，又对看望她的人说：

我母亲曾广珊，是曾国藩的孙女；我的外祖父曾纪鸿是他的次子，精通数学，死得早。我的母亲于同治十一年壬申二月二十七日出生在当时的两江总督衙门内。听说她出生前不久曾国藩已死去。抗战期间，我一直在重庆沙坪坝中央大学外语系教英文。胜利后，于1946年秋离开重庆，到北大西语系任教。路过南京，便去探望母亲。有一天，她在卧室内和家中少数几个人聊天，有人提起母亲出生的地方说两江总督衙门就是现在的国民政府，过去是天王府。大概因为提到天王府，就提到了李秀成。大家随便闲谈，我没有注意具体内容，我已记不起了。事后母亲亲口对我说："李秀成劝文正公做皇帝，文正公不敢。"当时我没有认识到这句话的重要性，所以没有追问，现在万分后悔。几年后，我读了罗尔纲老先生所著《李秀成笺证》，才知道曾国藩把一部分李秀成的材料毁掉，再把母亲对我所讲的那句话联系起来，就悟（顿）然大悟李秀成的确是想学《三国》（即《三国志》）中的姜维（伪降）。

罗尔纲认为，从贾熟村的访问记和俞教授的口碑看来，俞教授对此事是十分负责的，十分严肃的。她对这段口碑，并不是贸然就相信的，而是根据她母亲曾广珊和外祖母郭筠的为人来审视的。她说："郭筠是有学问的人，不是一般的家庭妇女，不作无稽之谈的"；"我的母亲是虔诚的基督徒，是决不说谎话的"。而且，他们是在家里谈自己家的事，绝无任何的目的存在，所以是极为可信的。因此，这个口碑正是千真万确的证明李秀成想学《三国》

中的姜维伪降曾国藩的铁证。

　　俞大缜在此传述中，说李秀成曾劝曾国藩做皇帝，曾国藩明确表示拒绝。据查证，确有此事。因此，俞大缜传述的情况，很有史实价值。

第十二章

曾国藩曾孙辈中的佼佼者

　　曾国藩有 5 个孙子成人。这 5 个孙子，共生 13 子、15 女。也就是说，曾国藩有 13 个曾孙、15 个曾孙女，其中 2 个曾孙幼殇。成人的这些曾孙和曾孙女，因为同样深受曾国藩家教的影响，也都非常出色，他们有的曾任我国台湾东海大学首任校长；有的对西方宗教情有独钟，并且终身不嫁，致力于教育事业；有的选择医疗为职业，医术精湛，受到社会的高度赞誉。可以说他们都是社会的佼佼者。

1．曾任我国台湾东海大学首任校长的曾约农

曾约农，生于光绪十九年（1893 年）十月十七日，系曾纪泽养子曾广铨的长子，曾国藩的曾孙。他自幼受到中西两种文化的教育，16 岁便到英国伦敦留学，定居台湾后任东海大学第一任校长。在个人生活方面，他是个独身主义者。

（1）在襁褓中随父母到伦敦

光绪十九年（1893 年）冬，曾约农出生不久，他的父亲曾广铨晋升为兵部员外郎，被派到英国伦敦驻英使馆任参赞。曾广铨奉命携眷前往，尚在襁褓中的曾约农便随父母到了英国伦敦。

曾约农 3 岁时，在父母的督教下开始学习中英文字。6 岁时，对中英文字已能按父母的取选背诵不忘。

光绪二十五年（1899 年），曾约农随父母回国后，住在湖南平江县外祖父李元度家。李元度学识渊博，善于文章，有"平江才子"之称。曾约农在外祖父家，刻苦攻读古典名著，兼及词赋，博涉多通，因而打下了坚实的国学基础。

1912 年，曾约农与堂姐曾宝荪一起赴英国留学，先入伦敦中学，毕业后考入伦敦大学，主修矿冶，兼及教育和文哲诸科。1916 年夏，他毕业于伦敦大学皇家矿冶学院，随后又于伦敦大学军官训练班结业，获英国伦敦大学理科工程科学学士学位。次年底，他与曾宝荪一同回国。

（2）立志献身教育事业

中华民国七年（1918年）一月下旬，曾宝荪拟在长沙创办艺芳女子学校，曾约农大力支持。该校办起后，曾约农应邀出任该校教务主任兼英文、算术、物理和化学老师。曾宝荪在回忆录中说："早在1914年寒假期间，我与约农弟除夕守岁，便立志贡献自己为国家、为世界致用，约定互相努力，互相帮助，以求达到这目的，所以后来他守了这个信约，一直爱护我帮助我，我办教育略有成就，靠他助力不少。"事实的确如此，在艺芳女校三次停办又三次复校的32年中，曾约农始终作为曾宝荪的重要助手，出谋划策，努力经营，培养出一大批优秀的女性人才。

不仅如此，曾约农主持修建的艺芳女子学校的校舍，经受了日寇飞机轰炸的考验。特别是1938年8月17日，长沙遭日寇飞机第七次轰炸，损失异常惨重，总计被炸毁民房和商店300余栋，死伤平民800余人，艺芳女校中弹15枚，校舍倒塌而全校师生却安然无恙。这是因为艺芳女校的校舍具有较为完备的防空设备。曾约农留学英国期间，除主修理工科学业外，又在伦敦大学军官训练班学习军事，对防空知识有一定素养。他在主持设计艺芳女校防空壕时，匠心独运，构筑的工事呈马蹄形状，上面密排木板，再覆沙袋，设置6个洞口，分别按6个班级固定，以免紧急事变时场面混乱。洞内设有饮水处、点心桌、医药箱，以应急需。平时组织师生演习，急时进退自如，所以在全市死伤800多人时，艺芳女校师生无一人伤亡。

曾约农还担任过湖南省立克强学院院长、湖南大学教授等职。1941年，薛岳在湖南任省长期间，在南岳创办了省立农业、工业、商业三个专科学校。1944年6月，日寇南犯，长沙、衡阳等重要城市相继沦陷，这三所学校被迫停办。1946 年春，商、工、农专科学校分别在衡阳和长沙复校。湖南地方当局为节省教育经费，以"集中人力物力和纪念黄克强先生革命功勋"为由，决定将三所专科学校合并，改办为省立克强学院，具体合并事宜则由曾约农负责。至 1947 年 2 月，筹备工作完毕，这三所专科学校正式合并为省立克强学院，曾约农被委任为该院院长之职。是年秋，克强学院招收本科农艺学、建筑工程和会计统计学三系新生各一个班，连原三所专科学校的肄业生共 258 人，分十个科系。院址仍设于长沙市稻谷仓、荷花池、藩正街等处原三个专校旧舍。除此，曾约农还担任过湖南大学筹备委员会委员、湖南大学教授的职务。

鉴于曾约农在文化教育界的声望和地位，他还被国民党中央和湖南地方政府先后任命为中华民国国民政府中央政治委员会教育专门委员会委员、军事委员会资源专门委员会委员、军事委员会庐山暑期训练团教官、湖南第一届高等检定考试委员会委员兼主任试官、湖南资送留学考试委员会委员兼试官、湖南初高中毕业会考委员会委员兼主任试官等职，为祖国的教育事业做出了贡献。

（3）受罗素称赞的"乡巴佬翻译"

五四运动后，英国学者罗素与美国学者杜威应北京大学之聘来中国讲学。中华民国九年（1920 年）九月，罗素等又应湖南教育会的邀请来湘讲学。毛泽东应《大公报》之聘，为演讲会的特约记者。湖南教育会"虑传译难臻信达"，要找一个合适的翻译，长沙的人士便请来曾约农临场口译。当时，曾约农正守其母李氏之孝，鬓发蓬松，又守先人曾国藩之训，身穿粗灰布长衫，故显得土气十足。在场的众多听众看到他如此模样，便说："这个乡巴佬如何能做翻译？"岂知曾约农翻译得很好，大受罗素与杜威夸奖，众人更是称赞不已。由此可见，曾约农具有很高的外语水平。

（4）积极参加抗日救亡运动

1937年，发生了举世闻名的"卢沟桥事变"。在此之前的6月，曾约农应邀出席了由蒋介石在江西庐山召开的各党派和无党派民主人士参加的座谈会，商讨以对付日本帝国主义为中心议题的国家大事。会后，他回到了长沙。当时的长沙是抗敌宣传和后援的重要城市，曾约农积极联络田汉、茅盾、徐特立、左舜生等人，组织成立了湖南抗敌总会宣传委员会，主动参与抗日救亡活动。在前线负伤将士退居长沙疗养期间，他和曾宝荪率领艺芳女校师生前往医院进行慰问和救护。据曾宝荪回忆说："这时我校已经组织了红十字队，有担架、药品及护理人员等。恰好长沙各女校要轮流值夜班去车站，义务照顾病兵伤兵。有些人怕车站正是轰炸目标不敢去，但我校师生，每逢轮值日必去，教职员连我在内，都去过。"

1944年6月21日，湘乡沦于日寇之手。在此之前，曾约农被一个叫彭位仁的抗日司令邀请任幕僚之类的职务，但其主要精力还是放在湘乡老家一带的抗日工作上。有天下午，荷塘本土一部分具有民族气节的人在麻兴庵召开了一次"应变会"，研讨如何组织自卫队的问题。会议由曾踽主持，参加者大多是一些乡保长和绅士，曾约农应邀到会，并做了简短的发言。他说："敌人对广大沦陷区有鞭长莫及之感，大家务必镇定，不要害怕、惊慌，我们决定和大家一道保卫家乡。而自卫队应以防止汉奸破坏和散兵游勇骚扰为主，兼顾游击，但应该注意防止'维持会'那一类组织的出现。"随后，活跃在湘乡和衡阳边境地区的各类游击武装相继出现，诸如温应冰的"正义军"、徐洞的"潭宝永突击指挥部"、湘潭张碧村的"游击司令部"、衡阳王伟能的"衡清司令部"、衡山唐辟衡的"第一支队"等。这些武装尽管不是共产党领导的正规抗日力量，但它们是第二次国共合作的产物，矛头主要指向日本帝国主义。然而，正因为它们具有这种特定的属性，所以如何协调彼此间的关系，则是一个非常重要的问题。为了解决这个问题，曾约农采取了两条具体的措施，尽自己的力量使各派武装携手合作。一是委派专人帮助进行游击队和地方政府之间的联系工作，借以掌握游击队伍的活动情况；二是对驻地抗日武装或过境部队，每逢过年过节设丰宴犒赏，或赠送锦旗，激励其爱国抗日之情。如 1944 年 8 月，在湘衡交界百数十里地内，各路游击司令齐集曾约农老家富厚堂开会，商讨抗日到底的问题。曾约农、曾宝荪等人不但设宴款待，而且从中多方协调，消除了各路抗日武装之间的误会，使其一致对敌。当时，衡山、湘乡、湘潭三县毗邻处的各游击队常常因防地问题发生纠纷，当地老百姓害怕打仗，一致请求曾约农出面从中斡旋。他以抗日大义为重，毅然担负起这一重任，邀同堂弟曾昭柯、"正义军"副司令屈能伸出面约集各路游击司令在湘潭龙虎坳会谈，劝导各方以民族利益为重，共赴国难。曾宝荪在回忆录中详细叙述了这一过程，她说："这是三接界——衡山、湘潭、湘乡，三处游击队，因争地盘，大有火并之势。当地人民再三恳求不要打仗，免得人民受苦，要求约农出来做调人，立定和约，在湘潭某处开会。约农带了昭柯弟同去赴会，由别动队的副司令同去。"与这三方面的头头当面谈妥防地之后，曾约农在湘潭龙虎坳停留了一天，在晚上才赶回老家。对于这件事，曾宝荪评论说："约农、昭柯，轻身入虎穴，居然能使那些互相猜忌的游击队，化干戈为玉帛，减少人民许多牺牲和痛苦，真是不容易的事。这是上帝的保佑，也可说这些游击队将军究竟还是爱国爱民的，所以只要有人斡旋，便能消弭争斗之气，同心向外御敌了。"1945年春夏之交，湘乡一带因战乱频仍，天灾不断，老百姓生活更加艰难。为了挽救濒临死亡的穷苦人，曾约农毅然在富厚堂开仓平粜，在一定程度上为帮助当地老百姓渡过难关做了好事。

1945年8月10日，日寇正式宣布无条件投降。曾约农在家乡得知这个消息后，立即组织部分群众擎着上书"日本无条件投降"的高脚牌，锣鼓、鞭炮导前，向各处宣传抗日的胜利。进而，他又在曾竹亭公祠主持召开了有2000余人参加的荷塘乡人民庆祝抗战胜利大会。他在会上致词说："这个庆祝会显示了中华民族的骄傲。中华民族是个伟大的民族，是不容侮的！"

上述曾约农这些行为，表现出了爱国的民族精神，无疑是值得称赞的。

（5）出任东海大学首任校长

曾约农自1951年冬定居台湾后，先受聘担任台湾大学教授，专教英文，后于1955年出任东海大学首任校长之职。

东海大学是一所由美国穆尔夫人捐资开办的私立大学。关于校长人选问题，董事会原已聘请美国南加州大学东方文化系主任陈锡恩担任，因为他与教会的关系极其密切，而且是美方请来筹设东海大学的负责人，当初东海创校的模式与校址都是在他手里策划决定的。然而，他因假期已满，必须返回原校，所以校长的人选问题久悬未决，而学校又等着开学，怎么办呢？为了解决校长的人选问题，校董事会邀集了几位与中国教会学校有关，同时也是基督教徒的人士，与穆尔夫人一起研究这个问题。大家一致认为，曾约农是最合适的人选，便由董事会邀请曾约农任职。而曾约农开始再三辞谢，后经董事会一再恳求，他才答应任校长两年，表示"先做办创业的苦工"。曾约农受命出任东海大学校长之后，在校舍的建筑规划、教师的聘任、课程的安排、专业的设置、学校的管理等方面都尽心尽力，取得了令人满意的成绩。

对曾约农任东海大学校长的情况，还有一点应当特别说明，就是他在该校开学之始，提出办校的宗旨是："以基督教的精神，遵循国策，实现三民主义的教育，并注重发扬我国固有的文化。"这一办学宗旨，是曾约农根据当时的世界潮流以及台湾地区的现状而提出的。但该校的大多数校董却不太赞同。他们认为，东海大学无非是燕京、金陵、齐鲁等大学的模式，就连美国在中国的基督教大学联合董事会主持人也持同样的看法。所以，当曾约农主张东海大学应增设工学院时，董事会表示反对。其理由是：在中国大陆的教会大学没有一所学校是有工学院的。尽管曾约农据理力争也无济于事。但曾约农顾全大局，尽力为实现自己的教育主张而勇于任事："他创始通才教育制度，并创设劳作助学方法，使清寒学生可以用工作来换取学膳杂费。约农本人也每礼拜与学生一同做工数小时，表示劳工并不卑贱，深得教职员、学生与工友们的佩服，一堂融洽。"劳作教育和通才教育，是曾约农出任东海大学校长期间两项最重要的办学措施。据李尔康在《敬悼曾约农先生》一文中评价说：对于劳作教育，因曾约农深感中国的士大夫不事劳动的积习，已经由来很久，必须予以纠正。"这是一种开风气于先的改革，须先培养学生们具有新的观念，不鄙视劳动，不以劳动为苦。"所以，东海大学不设校工，一切劳动都由学生自己操作，诸如清理环境、打扫厕所、传递公文、缮写打字、泡茶抹桌椅等活，都由学生亲手进行。当然，学生的劳动并非白干，而是根据各人的工作量，酌情给予报酬。这既培养了学生的劳动观念，又在一定程度上减轻了他们的经济负担。至于通才教育，则是当时对教育制度改革的一种尝试。通才教育制度虽发端于美国，但也适应中国的时代发展需要。它的最终目的是，通过实行这种综合性的教育，去培养专门与通才相互补充的人才。这种教育，实际是把"专门"和"通才"并为整体的教育。

曾约农对于学生，关怀备至，主张实行人格教育，希望建立起一种荣誉制度，而不是用现成的条规去约束学生的言行。他在东海大学的训导工作中，"即以礼治为本，但不标以礼治之名"。有一次，一个学生在考试时作弊，被发现后校方按照规定公告记过。曾约农对这件事非常重视，在由他亲自拟定的200余字的公告中，以极其诚恳的言辞，训诫这位学生痛加改正错误。他在公告中怀着自责的心情说："约农滥竽教育界垂四十年，未曾以记过处分学生，今兹失败，良堪痛心。继人格教育以严刑峻法，既增五内之恶疾……用资分谤，以旌吾过。"此言辞使那位考试作弊的学生深受教育和感动。

曾约农在担任东海大学校长期间，对于内外公私文函，无一不是由自己过目处理。"英文函件，以他具名的，无论长短，都是口述成文，由人速记，用字炼句，丝毫不苟。"至于中文函件，虽有秘书起草，但他都要亲自过目，"不喜欢沾上官场的习气"。曾约农担任东海大学校长两年期满后坚请辞职，但该校师生都希望他继续留在东海大学，有的学生竟以绝食的方式来使其"打消辞意"。可见，他在东海大学深受师生欢迎！

（6）晚年致力曾氏家藏手稿和文献

曾约农在台湾地区除了服务于教育事业之外，还兼任"总统府"国策顾问等职，受到蒋介石国民党当局的倚重。他终身未婚，晚年在体弱多病的情况下，与堂姐曾宝荪等致力整理曾氏家藏手稿和抄件。1974年，曾约农在《湘乡曾氏文献补》一书前言中说，"近岁以来，屡经丧乱，一部分已经散失，

崇德老人曾纪芬与儿子

幸尚有一部分间关转运来台，珍藏二十余年。"1965 年"曾就其中择先曾祖文正公之家书、家训及手稿，先叔曾祖兄弟澄侯（讳国潢）、忠襄（讳国荃）、靖毅（讳国葆）三公；先祖兄弟惠敏（讳纪泽）、中宪（讳纪鸿）二公及先祖姑崇德老人（讳纪芬）之家书，都为一编，交台湾学生书局就原件影印，名曰《湘乡曾氏文献》，以供历史学者之参考"。又过了近 10 年，"续将余一部分未刊遗稿整理成篇，名曰《湘乡曾氏文献补》，仍交台湾学生书局就原件影印，以存此真"。由此可见，前后近 10 年时间，即曾约农在 70 岁至 80 岁间，先后将曾氏家藏手稿和抄本中的一部分整理影印成册，为后人研究曾国藩兄弟的思想言行提供了可靠的第一手资料。岳麓书社出版的《曾国藩全集》30 册，就曾参考、增补了其中的一部分资料。

1978 年，曾约农患慢性风病，就医于台北荣民总医院，"缠绵八载，噤不能言，意态之间，清明宛在"，终以年老多病，体气耗竭，于 1986 年 12 月 31 日溘然长逝，享年 93 岁。

2. 曾家女子中第一个出国留学的曾宝荪

曾宝荪，字平芳，号浩如，生于光绪十九年（1893 年）正月二十一日，系曾纪鸿长子曾广钧之女，曾国藩的曾孙女。她从小在祖母的督教下成长，成年后赴英留学，是曾家女子中第一个出国留学的。其一生对西方宗教情有独钟，终身不嫁致力于女子教育，是一位桃李满天下、在社会上有广泛影响的女性。

（1）在祖母的督教下成长

曾宝荪的祖母郭筠，是其祖父曾纪鸿的原配夫人，学识渊博，是一位颇有才气的女诗人。她思想开明，目光远大，对孙辈的教育，不分男女同等注重。在封建社会，人们都把女孩视为家中将来会"泼出去的水"，出嫁后便成为别人家的人，因此不重视对她们进行精心培育。而曾宝荪的祖母不是这样的。她认为，女性是社会的半边天，女孩将来都会做母亲。国家要强盛，家庭要兴旺，女孩肩负着重要的社会责任，没有知识、没有文化是不行的。基于这样的认识，她对女儿和孙女的培养、教育格外重视。

曾宝荪4岁的时候，祖母便深入浅出地给她讲解《千字文》和《诗经》中的故事，通过教认字讲故事，对她进行启蒙教育。随后又让曾宝荪与姐弟们一起入私塾系统学习。曾宝荪年满9岁的时候，就让她到父亲曾广钧做官的南京上学读书。1904年春，曾宝荪11岁时，随祖母回到湘乡老家入家塾读书。这年秋天，七叔曾广钟又带领曾宝荪和其堂姐到上海求学。

他们到达上海时，所有正式学校都开学很长时间了，不肯中途收插班生，只有一个教会开的晏摩氏女校肯接收新生。就这样，她和堂姐一起进入这所学校读书。不久，又转入上海务本女校读了几个月。1905年春，随父母赴湖北。是年夏，曾宝荪随祖母到在杭州做官的七叔曾广钟家。七叔热心新教育，便把曾宝荪和她的堂姐送入杭州省立女子师范学校学习。从此之后，曾宝荪开始了稳定的学校生活，中文、数学、理化、音体等科都有明显的进步。

除此之外，还有一点应当说及，就是祖母郭筠对曾宝荪的学习督教甚严，并且根据曾宝荪的情况制订了帮教计划。尚未上学时，祖母在白天给她讲授语文、数学、史地等课程，晚上就教她作诗填词或对对联，星期天要求她必须作文一篇。在祖母这样的督教下，曾宝荪从小就有了自觉学习的习惯，不论是在哪里读书，她的学习成绩都是名列前茅。因此，她成年后直到晚年，当有人向她提起其祖母时，曾宝荪对祖母都怀有深厚的感激之情。

（2）生命的转折点

1908 年底，曾宝荪在杭州省立女子师范学校毕业，毕业考试平均成绩在 80 分以上。该校有一位教数学的老师，名叫陈伯原。有一天，这位老师对曾宝荪说："你的天资甚高，各门学科又很平衡，这样毕业后，便去做小学老师，实在太可惜了。我知道有一个教会学校就要开学，我已受聘担任数学、理化课老师，你若愿去，我可给你介绍。这个学校名叫冯氏高等女子学校，是英国圣公会办的，前途甚有希望。"曾宝荪很乐意到这个学校学习，不过她还得征求家里人的意见才能决定。在七叔曾广钟的极力推荐之下，曾宝荪得到了祖母郭氏及父亲曾广钧、母亲陈氏的积极支持。于是她在这年没有回湖南过春节，而是在杭州紧张地复习功课应考。

1909 年 2 月，曾宝荪以优异的成绩正式考入杭州教会学校——冯氏高等女子学校。该校是为纪念冯马利亚而创建的，校长为巴路义女士。在这所学校的两年多时间里，曾宝荪的各科学习成绩都名列前茅，被选为室长，得过奖金，也得到留学英国的机会，从而成为她人生中一大转折点。在这所学校里，她对西方宗教逐渐产生兴趣，并最终加入了基督教。影响曾宝荪成为一位虔诚的基督教徒的有两个人，一个就是冯氏高等女子学校校长巴路义女士。1910年春季，也就是曾宝荪入冯氏女校的第二年第一学期，有一天，曾宝荪的同班同学周庆曾的英文练习本不知被何人撕去好几页，教师查问此事时无人承认。不知什么人向巴校长出了一个怪主意，要她宣布，如果到吃午饭时仍无人来承认错误，就要处罚全体学生。可到了吃午饭时，没有人主动认错，同学们围在一起讨论应对的法子。曾宝荪是个急性子，便说："学校当局既查不出人来，岂可对全体施以处罚，我认为很不公平。"到了下午四时，全体学生都被集中到大讲堂内，校方命大家抄书一个小时，不准讲话。同学们规规矩矩在教室里抄了一个小时书后，有位英籍教员宣布大家可以排队出去在花园中走动一个小时，再入餐厅吃晚饭。但曾宝荪却坚持要在教室里继续抄书，其他一些同学在她的影响下也不肯出去。这样一来，曾宝荪被视为不良学生，很受一些人的歧视。她感到非常气愤，出了一张小报叫《竹头木屑》，专讲学校不平之事，对国事也颇带革命思想。巴校长大为惶恐，召集教员们商议处置办法，有人主张开除曾宝荪的学籍，但后来在陈伯原老师的极力反对下，学校又动员已经离校的曾宝荪返校。巴校长把她叫到自己的房间里，流着眼泪十分诚恳地对她说："我知道你并不反对学校，只是魔鬼在你心中害你。"随后又要曾宝荪与她一同跪下祷告，词句恳切，并无怨言。这使曾宝荪十分感动，便诚心答应一切改良，报也不出了。通过这件事，曾宝荪感到基督徒有爱心。此后，巴校长对她极其关心，常常与她一起查经及祷告，除念《马可福音》外，还阅读过《约伯记》等基督教教义方面的书。这时，曾宝荪对巴校长十分崇敬，同时又感到我们中国需要基督徒的"力行"精神，于是就有了想做基督徒的意思。

另一个对曾宝荪的宗教信仰产生极大影响的人是英文代课教师司徒女

士。她是一位跛脚女子，其父原来在四川传教，1900 年义和团运动期间被愤怒的中国老百姓杀掉。她躲在床底下，也被刺伤了腿，次日才被人救起送往汉口医院医治。她虽然逃了性命，却成了跛子。本来她痛恨中国人，但是她在克西克大会上受了圣灵感动，改变了初衷。司徒女士的这种表现，使曾宝荪深受感动，从而对基督教更有好感。1911 年 12 月，曾宝荪在七叔曾广钟的支持下，征得父母及祖母的同意后，于杭州接受圣公会洗礼，正式加入了基督教，成为一名年轻的女教徒。

（3）怀着科学救国的愿望赴英留学

1912 年 3 月，19 岁的曾宝荪在七叔曾广钟和表叔聂云台的大力支持下，随巴路义女士离开中国，经过一个月的海上旅行，于 4 月中旬到达英国伦敦。

曾宝荪到英国后，在巴路义女士的多方关照下，先入瓦津私立女子中学读书半年，后又进入黑山高级女子中学攻读一年，为考伦敦大学做全面准备。当时，有人问她考伦敦大学的志向是什么，曾宝荪说："我应说明想学科学的志愿——那时我们中国的学生，已经完全相信科学救国，也许比现在的学生更加认真，因为我们并不是想找出路，想赚大钱，而是诚心诚意想用科学来服务国家。"教导主任要她选课时，她说很想学医，因此，很想学好英文、数学、生物学和化学四门课程。

1913 年 9 月，曾宝荪以优异成绩考入伦敦大学西田学院。她在回忆录中说："我选的是生物学做主科，数学是副科，但在化学及生理课程中也选了些课……等到第二年考过了第二考试就决计专学理科了。"因为学习特别勤奋，曾宝荪于 1916 年 7 月获得伦敦大学理科学士学位，是中国妇女获此学位的第一人。

当时正处于第一次世界大战期间，曾宝荪不能按期回国，她又入剑桥大学和牛津大学深造。在此期间，曾宝荪经常参加各种类型的演讲会。一次，她以"科学对人类的贡献"为题做了演讲，深受师生的欢迎。校长瑟琳氏对这位来自东方、学识广博、英语流利、口才上乘的中国女学生更是赞赏不已。与此同时，曾宝荪还参加了英国学生组织的自献运动。她与同学们相互讨论有关宗教与社会的问题。由在英国的中国基督教学生成立的组织，曾宝荪也报名参加，大家一起讨论着宗教、学术、国事和第一次世界大战等共同关心的问题。除了参加上述有关宗教和学术等的活动之外，曾宝荪还经常参加一些小规模的宗教聚会，用基督教的仁爱、和平的观点来阐发对第一次世界大战的看法，受到同学们的敬佩。

（4）终身不嫁致力于女子教育

曾宝荪在英国留学期间，通过中西方女子教育的对比，深深感到中国女子的教育情况实在太差了，认为搞好女子教育对国家和个体家庭都具有非常重要的意义。因此，她于1917年12月从英国回国后，便下决心致力于女子教育。为了集中精力搞好女子教育，她甚至做出一项惊人的决定：不结婚，不嫁人，一心一意从事女子教育。亲友们对她的这项决定感到不可理解，便一再劝她改变此决定。她对亲友们说："我如果结婚，顶多能教养10个子女。而从事教育工作，我可以有几千个孩子。"就这样，她没有改变主意。经过一段时间的紧张筹措，曾宝荪在父亲曾广钧、叔父曾广钟等人的积极支持下，于1918年7月经湖南省教育部门立案批准，正式创建了艺芳女子学校。"艺芳"二字是曾宝荪的祖母郭氏的馆名。对用此馆名为校名，曾宝荪说，因为"先祖母对于我们的教训"特多，"所以我们决计用'艺芳'二字来做学校名字，并且取孔子所主张的游于六艺的思想，计学生六班，即以礼、乐、射、御、书、数六个字，依序命名为礼字第一班、御字第一班等等"。是年 8 月，艺芳女校正式招生，先办大学预科及英算专修班。该校董事会由当时一些著名学者或教育家组成，其中最为得力的有龙莪溪、史春霆、胡子靖等人。9 月 12 日，艺芳女校在西园龙翰林家正式举行开学典礼，曾宝荪任校长，曾约农任教务主任，巴路义女士为英文教员，还有音乐、体育和国文教员等 9 人。1919 年 5 月，艺芳女校迁入曾文正公祠正殿后的浩园（现长沙市实验中学）。

艺芳女校的办学经费，最初除巴路义女士捐助之外，主要来自曾家私产，没有接受政府的津贴。曾宝荪并不拒绝任何团体或个人捐资，但她有一个条件，就是捐款者必须信任学校，否则宁可不要。譬如英国阿丁顿基金会愿捐献一笔巨款，但因附有条件而遭到曾宝荪拒绝。又如南洋某烟草公司创办人已加入日本国籍，在当时中国抵制日货时，为证明自己是中国人以便于向中国国内推销货物，于是以捐巨款为饵，请曾宝荪证明，被曾宝荪断然拒绝。

艺芳女校实行小班制，学制是六年一贯制，所以每次招收学生每班不超过 30 人。当时私立学校的惯例是，班次多、人数多才为合算，而艺芳重在人才质量，不在于赚钱，故而始终坚持每班不超过 30 人这一原则。

艺芳女校的办学宗旨是培养融爱世精神与忠恕之道为一体的人才。据徐少英撰文指出，曾宝荪办学，具有这样几大特点：一是注重对每个学生人格的培养。艺芳女校倡行荣誉制。凡学生寝室、房门、衣柜都不落锁，校内花果学生不乱采乱摘，别人的东西不经许可不擅用；图书馆内放有一本签名簿，借书者自行登记，按时送还，管理员只负担清理、打扫卫生的工作；考试不用监考，学生没有舞弊行为。二是培养学生的自治精神。校内建立有一个学友会，由全校师生共同组成，会长及职员都由学生充当；学生自治及一切课外活动以学友会为汇归，有事讨论时，上自校长，下至生员，都可各抒己见，畅所欲言，然后表决，少数服从多数。三是培养亲爱精诚的风尚。校长与全体学生都住宿在校内，学校就像一个和睦的大家庭，彼此平等，相互爱护、尊重。老师视学生如子侄，学生视老师如父母。对功课较差的学生，各科教员乃至校长亲自为之补习，不收任何补习费用。四是有教无类，不歧视学生。曾宝荪认为，高明的木匠无弃材，大的可做栋梁，小的可做几案，所以对学生不分智愚，一视同仁。在校 30 余年，没有记过学生一次过，更无淘汰、开除学生的事情发生。由于坚持了这样一种办学宗旨，艺芳女校的学风淳朴，在每届全省中学毕业会考中都名列前茅。如 1935 年湖南省举行第二届中学生毕业会考，全省不及格的学校 30 余所，艺芳女校的毕业生不但及格，而且半数以上的学生成绩超过 80 分。因此，艺芳女校绝大部分毕业生都能考上大学，为国家培养了一大批优秀人才。其中有突出成就的如曾昭燏，从艺芳女校毕业后，留学英国伦敦大学、德国柏林大学，新中国成立后任南京博物院院长；曾宪楷后来成为中国人民大学教授；张惠雅是湖南医科大学教授，曾任职于美国；徐少英留学英国，后来在台湾大学等学校任教授；袁恬莹是湖南医科大学教授，后在美国从事专题研究。

除此之外，还有一点应当说明，就是曾宝荪自 1918 年创办艺芳女校起至 1949 年前夕，该校经历了三次停办又三次复校的挫折。在历时 32 年的惨淡经营中，她始终没有向困难低头，执着地致力于女子教育事业。她不仅献出钱财，而且终身不嫁，实在令人敬佩。

曾宝荪在湖南从事教育工作期间，还先后担任过湖南省立第一女子师范学校校长，湖南省立第二中学校长，湖南省高等检定考试委员会委员等职，因而她桃李满天下。她为教育事业做出的贡献，社会从未忘记过，并且给予她较高的政治地位。她先后被选为湖南省临时参议会第一、第二届参议员，中央国民参政会第二届参政员，太平洋国际讨论会第二、第三届大会中国代表，世界基督教宣教协会第二、第三届大会中国代表等。

（5）晚年以主要精力整理曾氏家藏手稿

1951年初，曾宝荪从香港到台湾定居。她在台湾居住期间，特别是在晚年，将主要精力放在整理曾氏家藏手稿上。

曾氏家藏手稿和抄件，原来都集中汇藏在湖南湘乡曾氏故里"曾八本堂"，又称"曾富厚堂"。对于这些家藏手稿和抄本，在旧中国很少有人能够过问，曾氏后人亦始终秘不示人。1949年8月，曾宝荪与曾约农从湘乡故里将曾国藩兄弟及曾纪泽等人的日记、书札手迹及其他部分轻便稿本抄件运到九龙，1951年再转运到台北。曾宝荪晚年与其堂弟曾约农整理的就是这一部分曾氏文献，而不是全部手稿和抄本。有关曾国藩的大批奏章、咨、札原稿和录存的清廷谕旨及公文批牍抄件等，都珍藏在湘乡故居。

曾宝荪为了整理好在台湾的曾氏家藏手稿和抄件，于1965年先由台湾学生书局分别影印为《湘乡曾氏文献》《曾惠敏公手写日记》《曾文正公手写日记》等，共计24本专集。其原稿，经过曾宝荪、曾约农召集与曾国藩有血统关系者认真商议，于1972年2月7日捐赠给了台北故宫博物院，了却了曾氏家族的一个心愿。

1978年7月27日，曾宝荪这位在曾国藩家族众多女子中第一个出国留学的才女，在台北去世，享年85岁。

3.曾氏后裔中第一个女医学博士曾宝菡

曾宝菡，号箴芳，生于光绪二十二年（1896年）三月初八，系曾纪鸿的第五子曾广钟的次女，曾国藩的曾孙女。她与堂姐曾宝荪关系密切，并且深受其影响，同样信奉基督教，也是独身未嫁，但她的职业选择与曾宝荪截然不同。

（1）与堂姐曾宝荪不同的职业选择

曾宝菡从小就与曾宝荪在一起吃、住、玩，可以说两人形影不离。1905年，年仅9岁的曾宝菡与曾宝荪一起入上海务本女校读书。1909年2月，曾宝菡在父亲的支持下，又与曾宝荪同时考入杭州教会学校——冯氏高等女校。该校除国文、数学、中国历史外，其他课程都用英文讲授。曾宝菡在这里学习，不仅各科成绩优秀，而且深受巴路义女士传教的影响，逐渐对西方宗教产生了兴趣，与曾宝荪一样，也加入了基督教成为其教徒。曾宝荪加入基督教后，受到圣灵的感动，以"治人心"，即以教育救国救民为职责；而曾宝菡则选择医疗为职业，以"我治人身"来实现自己的理想。1912年，曾宝菡以优异成绩考入杭州广济医学院，在该院学习5年，获得医学博士学位，成为曾氏后裔中第一个女医学博士。

（2）医术精湛充满爱心

1917年，曾宝菡在杭州广济医学院毕业后，又先后到英、法、美、瑞士和德国做访问学者，学习先进的医疗技术。因此，她的医术具有国际水平，特别是在治疗骨科病患方面非常精通。她不仅以精湛的医术为许多病患解除了痛苦，而且医德高尚，对病患充满爱心。

例如，她在上海枫林骨科医院工作时，一位病人得了骨痨病，要治好这种病，国内外的医院都是开刀治疗。而曾宝菡采用独特的创新治疗方法，不开刀却把非常难治的骨痨病很快给治愈了。

又如，国民党军政要人熊式辉因从飞机上跌下，背骨受到严重损伤，各大医院均下结论为不治之症。然而，曾宝菡凭借其高超的医术，硬是把熊式辉的"不治之症"治好了。这件事在国民党军政要员中引起强烈反响，他们中凡是得了重病的，都请曾宝菡治疗。

（3）对后辈人的影响

曾宝菡医术精湛，医德高尚，受到社会的高度赞誉，因此她的后辈都对她非常敬重，把她视为学习的楷模，甚至在职业选择、人生信仰、婚姻等多方面都受到她的影响。

曾宝菡的姐姐曾宝荷有一个养女，名叫周富生，在曾宝菡的影响下，不仅也以医生为职业，而且还像曾宝菡那样成为基督教徒，并且也是终身未嫁。

曾宝菡的大哥曾昭权的第五子曾宪文、次女曾宪煌和孙女曾利，姐姐曾宝荷的外孙女吴爱玲，堂哥曾昭杭的长子曾宪衡等，都是受到曾宝菡的影响而以医生为职业的。

第十三章

曾国藩旁系亲属中的杰出人才

　　曾国藩致力家教，不仅重视培养、教育自己的子孙后代，而且对他弟弟的后辈人同样非常关心。曾国藩的 4 个弟弟共生有 6 个儿子，其后有 14 个孙子、41 个曾孙。这些后代人，由于也深受曾国藩家教的影响，所以人才辈出。在他们中，有的曾任全国妇联副主席，有的曾任北京大学教务长、国家教育部副部长、高教部副部长，有的被联合国聘为文教委员，有的是著名化学家……现从中选择几位有鲜明特点且在国内外颇有影响者，做简要介绍。

1.管教、督导子女有方的曾广祚

曾广祚,字延佑,号泳周,生于光绪五年（1879年）,系曾纪梁的第四子,曾国藩的大弟曾国潢的孙子。曾广祚生有6个儿子、6个女儿,孩子这么多,对他们的培养、教育便成了一个大问题。然而曾广祚没有把它当作难题,而是把培养、教育12个儿女作为人生乐趣。在他的管教、督导下,他的儿女有数人或是著名学者,或是政界要人,受到社会的称赞。

（1）志在管教儿女读书做人

曾广祚幼读家塾,聪明过人。他在祖父和父亲的严格督教下,凭借其优越的家庭政治地位和经济条件,尤其是在耕读家风的陶冶下,年龄不大便以优异成绩考取了县学秀才。然而后来,他可能受了父亲曾纪梁的影响,无意继续获取更高一级科名,而把主要精力放在自己爱好的作诗作文上面。他曾被清廷授予江苏候补道官衔,但他对此没有多大兴趣,只图在家一心抚教儿女读书做人。许多乡亲对此感到不可理解,而他却说,自己不走仕途之路,在家管教儿女,有无穷的乐趣。人各有志,他这样选择人生,可以说是他的志向追求吧。

（2）尊重儿女的人生选择

儿女多,便有多样的生活情趣和人生选择。曾广祚在家抚教儿女,正处于君主专制到民主共和制的历史转变时期。面对急剧动荡的社会,新的观念从国外大量涌入,在知识不断更新的情况下,他对儿女采取开明宽松、多样的家庭教育方法,并且尊重他们的生活情趣和人生选择。但有一点他坚持自己的主张，就是千方百计让儿女接受新式高等教育，从多方面创造条件让他们成才。正因为如此，他的儿女大多就读于国内外大学，获得博士或硕士学位。长子曾昭承毕业于美国威斯科康新大学，获经济学硕士；第三子曾昭抡毕业于美国麻省理工学院，获化学博士学位；第五子曾昭拯毕业于大夏大学，获商业硕士学位；第三女曾昭燏毕业于英国伦敦大学，后又到德国柏林大学深造，获考古学硕士学位；第四女曾昭懿毕业于南京金陵大学，获理科硕士学位；第五女曾昭鏻毕业于西南联合大学，获经济学硕士学位；第六女曾昭楣毕业于西南联合大学，获生物学硕士学位。

从曾广祚这些子女的情况来看，他们所学的专业多种多样，有学经济的，有学化学的，有学考古学的，有学商业的，有学生物学的，涵盖了文理工商诸学科。如果曾广祚思想不开明，对儿女的人生选择横加干涉，显然儿女们从事的职业不可能这样多样化。曾广祚既重视对儿女进行培养，又尊重他们的志愿，这样对待儿女，是值得称道和学习的。

2.曾任国家高教部副部长的曾昭抡

曾昭抡

曾昭抡，字叔伟，系曾广祚的第三子，曾国藩的大弟曾国潢的曾孙，生于光绪二十五年（1899年）四月十六日。他留学美国获得博士学位，是曾国藩兄弟后裔昭字辈中学历最高者之一。他从美国回国后，先后在中央大学（南京大学前身）、北京大学、西南联合大学、武汉大学任教，还曾担任北京大学教务长、国家教育部副部长、高教部副部长兼全国自然科学专门学会联合会副主任、中国科学院化学研究所所长，为我国的教育和科学事业做出了巨大贡献。但其人生屡遭不幸，他忍辱负重致力攀登科学高峰，创造了人生的辉煌，实在令人敬佩。

（1）曾国藩兄弟后裔中的佼佼者

曾昭抡6岁便入家塾接受传统教育。10岁的时候，他被父亲送入长沙雅礼中学读书。当时该校是一所教会性质的学校，曾昭抡在这里学习了6年，对西方近代科学产生了浓厚的兴趣，各门功课都名列前茅。16岁时，他考入留美预备学校（清华大学的前身）。在这所留美预备学校刻苦攻读5年之后，曾昭抡于1920年秋以优异的成绩考上公费留美学生，进入著名的麻省理工学院化学工程系攻读化工专业，6年后获得博士学位，成为曾国藩兄弟后裔昭字辈中学历最高者之一。

（2）放弃美国的优越待遇回国任教

曾昭抡在美国获得博士学位后，美国许多单位以优厚待遇聘留他，但他不留恋美国，毅然回到祖国，决心用自己学到的科学知识为祖国做贡献。当时，我国正处于大革命时期，社会状况比较差，他在此时回国是许多人难以做到的。

更难能可贵的是，曾昭抡回国后，在艰难的情况下，不怕苦累，克服种种困难，努力搞好所任的工作。他先后于中央大学、北京大学任化学教授，在教学中，他不仅诲人不倦，而且运用在美国所学的知识，开展教学改革，添置先进的实验设备、购买图书资料、改革教学方法、提倡科研与教学相结合等，为20世纪30年代中国新型化学教学做了开创性的工作。

曾昭抡在教学中非常重视科研工作。他认为，教师要培养出高质量的人才，就必须大力开展科学研究，将自己的成果转化到教学上去。他为了使祖国的化学学科获得长足的进展，于 1932 年 8 月在南京发起并成立中国化学会，为全国从事化学教学和科研的同行们提供一个相互交流、切磋学术的场所，并且还创办了中国第一份化学杂志《中国化学会会志》，后来改名为《化学通报》，他先后担任这份杂志的总编达 20 年之久。通过这一刊物，培养了不少卓有成就的新秀。与此同时，他还担任《科学》《化学工程》等杂志的编辑委员，并亲自为这些刊物撰写了大量具有较高学术价值的论文。曾昭抡的学术方向侧重于化学发展史，尤其是对近代化学发展演进的历史做过专门研究，相继发表了《有机化学百年进步情况》《中国化学研究》《中国有机化学研究》《二十年来中国化学进展》等有影响的学术论文，受到海内外化学界的高度重视。

（3）投身革命洪流

曾昭抡的人生，不只是埋头教学和科研，他思想进步，还特别关心国家的命运和时局发展，积极投身革命洪流。

1937 年 7 月，全国抗日战争开始后，曾昭抡在昆明西南联合大学任教。在此期间，他积极投入抗击日寇入侵和民主革命的洪流中，成为西南联合大学有名的进步教授之一。

1941 年春国民党发动皖南事变后，不但对中国共产党实行军事进攻和政治压迫，对其他各党派也加紧实行"消灭异己"的政策。在这样的情况下，全国各界救国联合会、中国农工民主党、中华职业教育社等 6 个团体联合起来，于 1941 年成立了中国民主政团同盟，以坚决抗日、实现民主、加强团结为纲领，初推黄炎培为主席，后由张澜任主席。1944 年，中国民主政团同盟改名为中国民主同盟。曾昭抡就在这时加入了此会，与进步人士李公朴、闻一多等一起为争取和平、民主，反对独裁而斗争，他积极参加各种时事会、演讲会，发表反蒋、抗日的民主言论，受到进步师生的敬慕与支持。抗日战争胜利不到一年，国民党悍然发动内战，曾昭抡在反内战、反饥饿、反独裁方面的言论更加激烈，从而遭到国民党特务机关对他的严密监视。为了避祸，他被迫于 1946 年赴美国麻省理工学院任教，并潜心于科学研究。在此期间，他对美国的原子能研究状况进行了全面考察，为回国后创建中国的原子能科学研究体系做了必要的准备。1948 年，曾昭抡应邀赴西欧讲学；1949 年初，他回国应聘在香港报界工作。此时，被蒋介石强行解散了的中国民主同盟，由沈钧儒等人主持在香港加以重建，并发表了放弃"中间"立场，丢掉对国民党的幻想，愿意进一步和共产党实行密切合作的"宣言"。尽管在这时该组织已迁入解放区，但留在香港的曾昭抡没有脱离革命洪流，仍积极参加各种进步活动。

（4）任劳任怨从事教育工作

1949 年 6 月，新政治协商会议筹备会在北京举行首次会议。其间，曾昭抡与周恩来取得了联系。周恩来电邀他立即到北京出席中国人民政治协商会议第一届会议，并派潘汉年前往香港专程迎接曾昭抡。是年 9 月全国第一届政治协商会议召开前夕，曾昭抡回到北京，随后他出席了 9 月 21 日至 30 日在北京召开的这次重要会议，并当选为第一届全国政协委员。

新中国成立不久，曾昭抡先后担任北京大学教务长兼化学系主任、教育部副部长、高教部副部长职务。1953 年，任高教部副部长兼全国自然科学专门学会联合会副主任，中国科学院化学研究所所长、全国高分子委员会主任。1955年，曾昭抡当选为中国科学院学部委员。在坚持教学科研的同时，他任劳任怨，一丝不苟地致力于教育系统的行政工作。在担任教育部副部长时，他深入全国各地高等院校开展实地调查，解决了不少有关发展高等教育与科研的问题。尽管繁重的行政事务花去他许多精力，但他从不放弃在学术上的追求。他曾亲自审定过1.5万余个化学名词，使之规范化。他还根据他在美国对原子能进行考察和研究积累的成果，撰写了《原子和原子能》一书，深入浅出地普及原子能科学知识，广大读者争相阅读。

（5）忍辱负重搞科研

1957年，为了发展中国的科学事业，曾昭抡与几位学者、教授一起向国家有关部门提交了一份关于科学体制问题的意见书。这份意见书，现在看来是正确的，无疑应当采纳，但当时掌权的领导认为是"大毒草"，对其进行批判。曾昭抡因此被划为"右派分子"，并被撤销了一切职务，这使他在精神上受到严重打击。

1958年4月，他背着"全国七大右派之一"的罪名从高教部调到武汉大学化学系任教。此时，他已年近花甲，不顾年老多病，他忍辱负重，一心扑在教学科研上。在他的主持下，武汉大学化学系建立了有机化学教研室，开设了元素有机化学课程，由他兼任教研室主任。他还不断总结教学经验，吸取国内外研究成果，精心编写了300多万字的讲义，主讲"有机合成""元素有机化学"等课程。在科研方面，他结合学科特点，先后主持成立了有机硅、有机磷、有机氟、有机硼和元素高分子等科研攻关小组。尤其是在元素有机化合物问题上，他进行了专门而又深入的研究，组织撰写了一套内容丰富、反映当代最新科研成果的《元素有机化学》丛书，此丛书至今仍是化学研究领域的重要参考书籍之一。

1960年，曾昭抡的"右派"帽子被摘掉后，他以更饱满的精力投入到教学科研之中，不是在实验室指导实验，就是在图书馆查阅资料，不分白天黑夜，不管严寒酷暑，每天坚持工作10多个小时。1961年，他不幸患了癌症。但他以乐观的精神状态边治病边坚持工作，谢绝了上级组织送他去北京治病的安排，决心把有限的生命贡献给祖国的化学事业。在患病期间，他阅读了数百篇文献资料，撰写出100多万字的研究论文。

1963年12月，曾昭抡抱病参加了在天津召开的全国高等院校有机化学讨论会，他由两个人扶着走上讲台，向与会者做了关于元素有机化学进展的学术报告，在会上引起轰动。根据他致力研究化学所做出的贡献，科学界尊称他为新中国化学学科的奠基人。

（6）不幸的晚年

曾昭抡一生虽然爱祖国爱人民，热爱教育事业和化学研究，为祖国的化学事业做出了巨大贡献，但他在晚年却连遭不幸。

1966年8月，曾昭抡的夫人俞大姗因病逝世于北京，享年61岁。俞大姗与曾昭抡结为夫妻，他们的婚恋很不一般。

俞大姗生于光绪三十一年（1905年），比曾昭抡小6岁。其祖籍浙江，定居直隶宛平县。她的父亲俞明颐，字寿臣，早年留学日本，回国后，在湖南任学政，培养了一大批杰出人才，如程潜、唐生智等均是他任湖南陆军小学（武备学堂）校长时的学生。俞大姗的母亲曾广珊，系曾昭抡的堂姑母、曾纪鸿的女儿。俞大姗同曾昭抡的结合，属于亲上加亲。她的哥哥俞大维两次获得博士学位，是爱因斯坦的高徒，曾任台湾当局"国防部长"等职数十年之久。俞大维与德国夫人所生之子俞扬是蒋经国的女儿蒋孝章的丈夫，也就是说俞大维与蒋经国是儿女亲家。俞大萨的弟弟俞大绂是中国著名植物病理学、微生物学专家，曾任北京农业大学校长。俞大萨的妹妹俞大彩的丈夫傅斯年是著名的历史学家，曾任台湾大学校长，著有《东北史纲》等学术专著。她的姑母俞明清是晚清巡抚陈宝箴的儿媳妇，著名宋诗派学人陈三立的妻子，其姑母之子陈寅恪则是著名的历史学家。

关于俞大萨的个人情况，她自幼接受过家塾教育，与曾宝荪、曾约农等曾在长沙受教于熊菊如、钱伯良等先生。后随家人居上海，中学毕业后考入沪江大学读书，获理科学士学位。不久赴英国牛津大学攻读英文，获文科硕士学位。回国后，应聘为中央大学教授。

新中国成立后，俞大萨随曾昭抡至北京，任北京大学英国语言文学系一级教授，其夫妻感情深厚。她病逝后，曾昭抡非常悲痛。从此，曾昭抡病倒在床，于 1967 年 12 月 8 日病逝于武汉，享年 68 岁。

曾昭抡死后多年，党和政府为他平反昭雪恢复了名誉，于 1981 年 3 月 3 日以中共中央、国务院、全国人大常委会和全国政协的名义，在北京八宝山革命公墓礼堂为他举行了追悼大会，对他做出了公正、高度的评价。曾昭抡在天之灵如若有知，一定会感到莫大的欣慰！

3.新中国第一个女考古学家曾昭燏

曾昭燏，生于宣统元年（1909 年），系曾广祚之女，曾国藩的大弟曾国潢的曾孙女。她的母亲陈季瑛，是曾国藩次女曾纪耀的丈夫陈松生的侄女，生有 6 个男孩、6 个女孩。在 6 个同胞姊妹中，曾昭燏排行第三。曾任国家高教部副部长的曾昭抡，是她的胞兄。她曾留学英、德攻读考古学。新中国成立后，她是我国第一个女考古学家，任南京博物院院长多年，并且为献身学术而终身未嫁。

（1）出人意料的选择

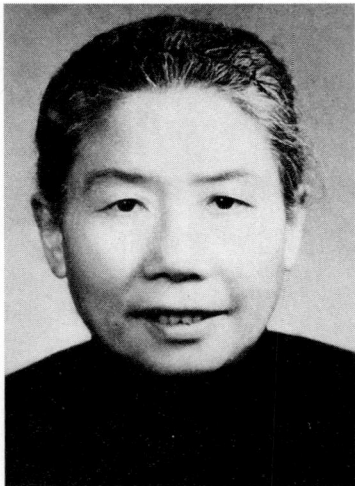

曾昭燏是大家闺秀，生长于书香门第。她的母亲陈季瑛，不仅知书达理，而且琴、棋、书、画俱工。曾昭燏在母亲的影响下，从小对书法字画有浓厚的兴趣。在家乡，她曾拜一位名叫胡小石的书法家学书法，用曾昭燏自己的话说就是："余每习书，师自后观之。耳提面命，如诲蒙童。"12岁时，她由堂姐曾宝荪带到长沙入艺芳女校，在该校主要学习古文和书法等中国传统文化。然而令人感到意外的是，她在艺芳女校毕业后，随即考入中央大学外语系，次年转入中文系学习。1933年，曾昭燏转入金陵大学国学研究所深造。1935年大学毕业后，她又自费留学英国伦敦大学研究院专攻考古学。经过两年时间的刻苦攻读，获得硕士学位。接着，到德国柏林大学研究院深造，因成绩优异被聘为柏林大学研究院研究员。1938年2月，应聘到英国伦敦大学考古学院担任助教。从此，与考古学结下不解之缘。

（2）国难当头投身祖国的考古研究

1937年底和1938年底，上海、南京、广州、武汉相继被日本侵略军攻陷，祖国大好河山遭受日寇铁蹄践踏，中华民族处在危急之中。正是这时，曾昭

曾昭燏

燨放弃在英国的优裕生活，毅然返回祖国，应聘于中央博物院筹备处，担任专门设计委员会委员之职。由于南京被日寇侵占，中央博物院筹备处被迫辗转于西南大后方云南、四川等地，在云南龙泉镇附近的起凤庵立足了一段时间。曾昭燨作为一名女考古工作者，不顾环境的恶劣，条件的艰苦，与男子一道积极进行考古研究和发掘工作。1939年3月至1940年9月，她与吴金鼎一起参加了大理苍洱新石器时代遗址的考古发掘，先后对马龙遗址、佛顶甲乙二遗址、龙泉遗址等做了艰苦细致的发掘。经过对出土文物的整理研究，她和吴金鼎发现这一地区的文化构造与中原地区有着明显的区别，从而将其定名为"苍洱文化"。这一考古发现，引起了国内外学术界的高度重视。由于她对中国西南地区考古发掘做出了十分重大的贡献，所以其学术地位日渐上升，成为当时为数不多的女性考古学者中的佼佼者。

1940年6月，因昆明遭受日机轰炸，中央博物院筹备处转迁到四川李家庄镇，曾昭燨和吴金鼎又主持对四川彭山县汉代崖墓的整理发掘。经过对出土文物的鉴定和研究，他们合撰了《从彭山陶俑中所见汉服饰》这一学术论文，为汉代生活习俗和服饰的多样性以及地区分布等问题的深入研究做出了有益的贡献。与此同时，他们还对川康民族的诸多问题从考古学的角度进行考察，写出约100万字的实地考察报告。1942年，曾昭燨与吴金鼎一起，在发掘云南苍洱古墓群所掌握到的大量文物资料的基础上，进行学术性整理、鉴别，合编了《云南苍洱境考古报告》一书，为研究云南地方史，尤其是云南古民族文化的产生、形成及其特点等提供了极有学术价值的资料。在此期间，曾昭燨还主持筹办了一次考古展览会，其内容是展示法国考古学家摩梯耶父子从世界各地搜集到的远古旧石器制品，在学术界产生了较好的影响。

她和中央博物院筹备处主任李济合写的《博物馆》一书，成为当时博物馆学研究的重要著作之一。

（3）力阻将文物运台湾

1945年8月，抗日战争胜利，中央博物院筹备处随即迁回南京，曾昭燏仍任专门设计委员会委员兼任总干事。此时，她面对博物院遭受日本侵略军严重破坏的情况非常痛心。她一方面积极整理未被破坏的文物，另一方面想办法开展业务活动。在这一年中，她先后经手举办了两次大规模的展览，一次是汉代文物展览，一次是院藏青铜器展览。1948年春，她还与台北故宫博物院联合举办了一次大规模的出土文物展览，得到学术界的高度评价。

1949年4月23日南京获得解放。在此前夕，国民党政府的官员争先恐后逃往台湾，并将南京博物院的文物一同运走。曾昭燏挺身而出，坚决反对将文物运往台湾。她痛切地指出："运出文物，在途中或到台湾之后，万一有何损失，永为民族罪人。职对此事无责任，然为本院保管文物七八年，对于诸物有深厚之感情，知有种种危险，岂可缄默。"

1949年4月14日，曾昭燏在上海联合徐森玉、王象楫、吴有训等公开呼吁，把运往台湾的文物收回。尽管未能如愿以偿，但她的爱国举动让人感动，正如时任南京博物院副院长的赵青芳所说："如果说南博知识分子有骨气和事业心，人们忘不了曾昭燏女士。"

（4）令人敬佩的南京博物院院长

1950年3月，原中央博物院改名为南京博物院，曾昭燏因其思想进步、学术研究成果突出，而被任命为该院副院长，不久升任院长。她在主持南京博物院工作的15年间，还兼任华东文物工作队队长、江苏省文物管理委员会副主任等职，并当选为中国人民政治协商会议第二届全国委员会委员、第三届全国人民代表大会代表等。党和政府对她的信任和重用，使她受到激励，政府为她提供的良好科研条件，使她有了大显身手的用武之地。20世纪50年代初期，她主持对南唐二陵即李升和李景荃陵墓的实地发掘工作，取得可喜成果。在发掘文物的基础上，她又主编了《南唐二陵发掘报告》一书，并于1957年公开出版，受到考古学界的高度重视。与此同时，她为探索中国东南沿海和长江中下游地区的原始文化，做了许多有益的工作。如她与尹焕章合撰的《试论湖熟文化》一文，介绍并论证了湖熟文化作为一种独特的地方性考古学文化流传至今的必然性；她的《江苏考古历史的两个问题》一文，对江苏古文化的研究做了详尽而又令人信服的论证。除了主持发掘东南地区古文物之外，曾昭燏还积极参与中南、华北地区的考古工作。1956年她与他人合著的《沂南古画像石墓发掘报告》一书，具有较高的学术价值。

尤其令人敬佩的是，她担任南京博物院院长多年，从不以领导自居，从不以权谋私，从不占用国家钱物；她虽然在学术上具有较高地位，但她从不以大学者、大专家自诩，始终坚持深入第一线，亲自到文物发掘现场工作，因此受到同志们的赞扬。

大家不仅敬佩她学术造诣深，而且敬佩她在古典文学，特别是诗词方面的深厚功底。她现存的诗作有100多首。这些诗作不仅对仗讲究，而且内容丰富，读后令人感到是一种艺术享受。

（5）终身未嫁的女考古学家

纵观曾昭燏的人生，从另一方面来说，也有令人感到遗憾之处，就是她深受堂姐曾宝荪"为艺芳献身"的影响，为了献身学术，她终身未嫁。1964

年 12 月 22 日她离世时没有血脉后裔延续于世。但此遗憾丝毫无损其人生的光辉，她是曾氏家族后裔的女中豪杰，这是谁都不能否认的！

4 . 爱国化学家曾广植

曾广植，又名广铸，字彦叔，又字幼松，生于中华民国七年（1918 年），系曾纪寿第七子，曾国藩的二弟曾国华的孙子。他早年在中央大学任教，新中国成立前夕赴美留学致力于化学研究。1957 年他经过艰难曲折的努力回国后，为中国的化学事业做出了重大贡献，被赞誉为爱国化学家。

（1）怀着"科学救国"的心愿赴美留学

曾广植自幼资质聪颖，深得父母喜爱。他 7 岁入学，后来又进入新式学堂湖南明德中学，1937 年毕业后考入武汉大学化学系，1 年后转入西南联合大学化学系，1943 年毕业后入中央大学化学系任教。此时，日本侵略军已侵入中国多年，抗日战争处于最后阶段。蒋介石消极抗战，1937 年底南京失陷前国民党政府"迁都"大后方重庆。曾广植目睹国民党政府腐败，科学落后，民众生活贫困，认为只有科学才能救中国，于是便于 1948 年下半年赴美留学，进入美印第安纳拉斐德城的帕都大学攻研有机化学，经过 4 年的半工半读后，留任该校从事教学和科研工作。在美国的 9 年时间里，曾广植全身心投入药物化学的研究和教学，取得十分突出的成绩，受到学术界同行的高度评价。

（2）想回国在美国遭绑架

曾广植在美国从事化学研究和教学工作，由于取得可喜的成果，生活上他便得到较高的待遇，但他不贪图物质享受，很想把自己的科研成果贡献给祖国。

1956 年初，周恩来根据国家急需高科技人才的情况，代表中华人民共和国政府号召在国外的留学生回国贡献智慧和力量，并保证给予生活和科研方面的优裕条件。是年 3 月，曾广植的母亲田氏写信告诉他，已向在日内瓦同美国政府谈判的中国代表王炳南大使正式提出请求，并得到允准愿全力帮助他回国。曾广植得知这个消息后，兴奋不已。他很快接到了王炳南大使及印度驻美大使关于协助他尽快返回中国的通知。然而此时的美国正掀起一股反华逆流。美国当局因曾广植不愿加入美国国籍并准备返回中国，对他横加打击。是年 4 月的一天，美国移民局无视国际公法，公然出动警察擅自闯入帕都大学，将正在化学实验室工作的曾广植诬为精神病患者，将其强行挟持到汽车上，然后送往瓦巴什山谷的精神病医院。曾广植像囚犯一样被单独关在一间屋子里，天天由医生强行注射麻药，身心均受到极其严重的摧残。5 月间，美国移民局又出动打手，将曾广植打昏在地，随即抬上汽车，戴上手铐，打算对他予以长期软禁。美国当局无视国际公法对曾广植等爱国留学生进行身心摧残的恶劣行径，首先激起了侨居美国的华籍人士的强烈抗议，随后国际舆论也纷纷谴责这种侵犯人权的举动。在国际舆论的压力下，美国当局不得不对曾广植改变策略，施展亦打亦拉的手段，企图迫使他最终放弃回国的念头。他们在怂恿精神病人殴打曾广植，限制他同国内亲属通信联系的同时，又采用欺骗、引诱的可耻方式，指使服务人员以甜言蜜语劝说曾广植尽快加入美国国籍，并假意请他到实验室工作，提供一切科研条件等。曾广植回国的心意已定，任何软硬伎俩对他都不起作用。经过一年时间的坚决抗争，曾广植终于取得了胜利。1957 年 6 月 14 日，美国当局被迫宣布将曾广植驱逐出境，还派专人加以押送。在回国的途中，曾广植受尽了非人的折磨，但他始终没有低头，表现出一位爱国知识分子的赤诚之心。

（3）以优异的成绩报效祖国

1957年7月6日，曾广植抵达广东，回到了离别9年的祖国，他被安排在中国科学院上海有机化学研究所从事科学研究。他任劳任怨，勤奋工作，取得了可喜的成果。以他为主研究发明的无毒糖精投放市场后，深受消费者欢迎，并且在国际上享有盛誉，甚至美国也应用了这项成果。除此之外，他还撰写了科研专著《味觉的分子识别》，受到读者的高度评价。

5.为变法维新"以死来唤醒民众"的曾广河

曾广河，字和一，又字幼符，号百航，又号梦荪，生于同治十三年（1874年），系曾纪瑞的第三子，曾国藩的三弟曾国荃的孙子。他的人生最鲜明的特点，就是厌弃科举，无意功名，具有与时俱进的处世精神，特别是他积极参与变法维新，并且"以死来唤醒民众"，他的这种献身精神是很令人感动的。

（1）官立书院无意功名的学生

过去，湖南湘乡县有一所很有名的官立书院，就是东皋书院。这所书院创建于1684年的康熙年间。由于该书院培养了许多有功名的学生，所以在湘乡五大书院中最被社会看重，特别是在清朝末年，权贵人家的子弟一般都送到这个书院就读。曾国藩家族的人也不例外，同样很看重东皋书院。曾广河小时候读了私塾受到启蒙教育后，家中的长辈便把他送到东皋书院读书。

然而，曾广河到这个书院后，厌弃科举，对科举入仕不感兴趣，对东皋书院的教学也不满意，所以在该书院读了两年便离校回到家中自学。自学期间，他涉猎文史百科，读了许多儒家经典著作。在读了伯祖父曾国藩和祖父曾国荃共同主持刊印的《船山遗书》后，还写了许多读书笔记。同时，他还自学了许多西方人文社会科学和自然科学方面的书籍，从而对中西文化的优劣长短有了初步认识，逐步认同经世致用之学，为以后投身社会奠定了思想基础。

（2）自觉参与变法维新运动

光绪二十年（1894 年），曾广河由邑庠生特赏员外郎，就职于刑部，有机会了解清政府内政外交的实情，并且结识了许多具有新思想，主张对内改革对外向西方学习的有识之士，开阔了视野，思想发生了巨大变化。

1895 年中日签订《马关条约》后，中华民族的危机空前严重。许多有识之士要求变法维新的呼声日趋高涨。在康有为、梁启超、谭嗣同、严复等人为变法维新奔走呼号的同时，清廷中一部分官僚士大夫拥戴光绪皇帝，形成与以慈禧太后为首的后党相对峙的政治派别，试图通过自上而下的政治和经济改革，发展中国的资本主义，达到救亡图存的目的。具有经世致用之学，对西方文化又有较多了解的曾广河，自然也就拥护变法维新，成为帝党集团中的一员。

就当时各省情形而言，湖南是全国宣传变法维新最活跃的一个省份。这是因为，湖湘实学精神在中日甲午战争后在民族危机的刺激下迅速得到张扬，巡抚陈宝箴、按察使黄遵宪、学政江标及维新志士梁启超、谭嗣同等齐聚湖南，共同推动变法维新思潮在湖南的传播。湖南是曾广河的家乡，他自然与湖南的维新人士交往较多。在这期间，他与同是官宦子弟、同为湖南人的谭嗣同关系极为密切，这也是促使他参与变法维新的重要因素之一。

谭嗣同（1865—1898），字复生，号壮飞，湖南浏阳人。其父谭继洵，清咸丰年间进士，以参与镇压太平天国农民起义发迹，历任布政使、巡抚等职。谭嗣同尽管生长于官宦之家，但因少年失母，性格孤傲，独立性特强。他少年时期随父辗转大江南北，有机会接触到社会现实，从而喜好经世致用之学。后入新疆巡抚刘锦棠幕僚，又周游直隶、甘肃、陕西、河南、湖北、江西、江苏、安徽、浙江、山东、山西等地，观察风土，结交名士，有"风景不殊，山河颇异；城郭犹是，人民复非"之感。他是维新派的激进分子，1897年协助湖南巡抚陈宝箴设立时务学堂，筹办内河轮船、开矿、修筑铁路等，尤以创办《湘报》宣传变法，抨击旧政著称。也许是由于曾广河与谭嗣同都是官宦子弟，都是湖南人，又同样具有经世致用思想，同样鄙弃科举考试等原因，所以在谭嗣同于家乡湖南全力开展变法维新理论宣传和组织活动时，曾广河便马上从京回湘，在长沙与谭会晤，交换变法维新的主张，进一步取得共识。

1898年8月，谭嗣同被征入京，任四品卿衔军机章京，参与戊戌变法。曾广河非常高兴，他在北京湖广会馆（今北京骡马市大街与南新华街交会处）设宴款待谭嗣同。

然而，正当谭嗣同等人依靠光绪皇帝大举推行新政，曾广河与他们频繁交往之时，慈禧太后已开始酝酿一场捕杀维新党人的流血政变。曾广河得知政变即将发生的消息后，立即向谭嗣同通风报信。本来，曾广河完全可以像曾广钧、康有为、梁启超等人那样先期出走外地或藏于外国使馆以求保护，但他担心谭嗣同的安危，故未离京。一天，应谭嗣同之约，曾广河秘密到浏阳会馆与其会晤。他对谭说："三十六计，走为上计。"但考虑到他们逃走固然是好，而光绪帝能够逃出吗？谭嗣同明确回答："朝廷监视甚严，光绪

图为北京湖广会馆旧址

帝是很难逃出的。"所以谭决计留在京城，曾广河也未做出逃离北京的打算。就这样，他仍在北京观察清政府的动静。

（3）"以死来唤醒民众"

1898年9月25日，谭嗣同被清政府捕押。28日，谭与林旭等就义于北京菜市口，称"戊戌六君子"。这天，曾广河乔装前往行刑之地为谭嗣同送行。当他站在虎坊桥旁看到被押的谭嗣同从自己面前走过时，他抑制不住内心的悲愤之情，差点冲出去。他很想冲入人群去救谭嗣同。谭嗣同也看到了曾广河，他以目示意曾广河不要声张，并向这位好友注目以示永别。对此情景，岳麓书社于1985年出版的《三十年闻见录》是这样记载的：六君子遇害之日，曾闻菜市口杀人，虑嗣同难免，亟往观。嗣同瞥见之，以目示意告别。《三十年闻见录》还记载：曾广河因谭嗣同等被害，内心深处受到极大打击，"归而大恸，谓复生之死，实我杀之也"，遂仰药而死。曾广河之死，"既为谭嗣同等遇难而悲痛，又对清廷表示极大愤慨，故以死来唤醒民众"。

曾广河的这种精神和行为，实在令人敬佩、感动！

6.杰出的文史专家曾宪楷

曾宪楷，曾昭和的长女，曾国藩的三弟曾国荃的玄孙女，生于宣统元年（1909 年）。她有兄弟 2 人，即哥哥曾宪朴、弟弟曾宪桎；3 个妹妹，即大妹曾宪植、二妹曾宪榛、三妹曾宪矩。纵观其人生，曾宪楷以深厚的文史功底，撰写了许多有深刻见解的杰作，社会公认她是无愧于时代的文史专家。

（1）"笔下生花的女秀才"

曾宪楷出生在书香世家。她的父亲曾昭和 14 岁就中了秀才。曾宪楷作为曾昭和的长女，父亲对她从小就进行严格的家教。因此，她早年在长沙艺芳女校读书时，就表现出令人称赞的文学才华。后来，她以优异成绩考入湖南大学。通过深造，她的写作能力提高到一个新的水平，写出了许多文笔生动的好文章，被同学们称赞为"笔下生花的女秀才"。

曾宪楷在湖南大学读书时，湖南大学在专业设置上没有像现今分得那么多、那么细，许多专业是混在一起学习的。曾宪楷所学名为文学科系，实际上文史没有分家，所以她既在文学方面得到深造，又在历史方面学到许多知识，从而为她以后成为文史专家打下坚实的基础。

（2）以杰作展现深厚的文史功底

新中国成立后，曾宪楷长期任教于中国人民大学，曾任该校历史研究所教授兼副所长。由于她在大学读书时就有深厚的文史功底，所以她在中国人民大学任教期间撰写了许多文史方面的杰作。

例如，学术界就儒、道、佛三者之间的关系问题，自古以来就存在着不同学派之间的门户之争，并且谁都想占据主导地位。直到清末中华民国初年乃至 20 世纪 40 年代，仍是如此。曾宪楷撰写《宋儒理学与佛道二家之关系》一文，明确提出"祛其所短，保其所长"的见解。她认为：儒、道、佛三者，都是建立在文化传承性、延续性和互补性这一辩证哲理之上的，即使是长期被封建统治者视为主流学派之一的宋明理学，尽管发展了孔孟儒学（礼学），并在这个基础上形成"新兴之学术"派别，但是它也没有离开对传统的继承。"新者之兴，必资于旧"，这是人类社会包括学术界的一条不可违忤的规律。在这里，曾宪楷提出了学术调和、相互渗透、各取所长的观点。

又如，曾宪楷在《读〈艺文志·诸子略〉》一文中，对诸子百家、三教九流之学提出了深刻的见解。她指出："抉天地之奥，析万物之理，推其所长，皆有所用也。"不管是自然界还是人类社会，不管是专家学者、英雄豪杰，还是平民百姓，都各有优劣长短。正因为各有长短优劣，才有和谐统一的可能。正因为各有差别，才有融洽同一的可能。具体就学术研究而言，尽管有"道"与"术"的区别，但"九流之判以道不以术"，即是说九流并非登不了大雅之堂，它们的作用不体现在技能的多寡上，而主要反映在思想学说的高低上。因为，"道也者，学之旨也；术也者，学之用也"。进而她指出："因道以立术，因术而明道，道与术相因相成者也。"将"道"与"术"作为矛盾的对立统一体加以看待，强调两者不可分离的重要性和必然性，这种观点显然是有很高的学术价值的。

总之，她的这些杰作，显现了其深厚的文史功底。这一功底的得来，既得益于曾氏传统家学的影响，更是她刻苦攻读、努力探究学术的必然结果。

（3）致力普及历史知识警醒后人

曾宪楷作为文史专家，她对 16 世纪英国著名政治家圣约翰的一句名言——"历史是用例子教育人的哲学"——记忆犹新。

那么，如何用历史例子来教育人呢？

曾宪楷认为，历史事件乃是人类心灵活动的表现。如若欲用历史例子来教育人，一是必须首先探究历史事件与有关的人和事的关系，二是应大力普及历史知识，否则不可能达到教育人的目的。事实表明，她是这样认为的也是这样做的。

为了揭露日本侵略者的罪行，弘扬中华民族爱国主义精神，曾宪楷撰写了《七七卢沟桥》一书。在其中的《国人抗战的情绪》一章中，详细论述了《义勇军进行曲》和《松花江》这两首歌曲创作的过程以及与抗日这一重大历史事件的关系。她认为："这些歌曲代表了千千万万沦陷区全体人民的哀呼！国民的情绪，已从歌词中表现出来，洋溢到全国各地。"在这些歌词的激励下，中国人民在民族情感被激发出来的同时，又把目光放在对政府行为的评判和促进之上，利用"游行示威，发表宣言"的方式，"促使政府采取更坚决的行动"。这样把革命歌曲与历史事件紧密联系在一起进行论述，使读者深受教育和启迪，是很值得称赞的。

此外，曾宪楷还撰写了《七七卢沟烽火》一书。这一通俗性的历史普及小册子，由上海大成出版公司于 1948 年刊行。该书分《九一八以后日本的企图》《热河长城战役》《试探的外交攻势》《华北的危机》《绥远战役》《国人抗战的情绪》《政府坚忍的支持》《卢沟桥的事变》《我国政府的表示》《平津沦陷》《走上战争的路》十一个章节，分别就日本帝国主义侵略中国的历史渊源，中国人民和中国政府全面抗日的演变发展过程，进行了通俗易懂的叙述和独到的分析，令人读后警醒不忘国耻，深受广大读者欢迎。

7. 曾是叶帅夫人的曾宪植

曾宪植，系曾昭和的次女，曾国藩的弟弟曾国荃的玄孙女，宣统二年（1910年）二月二十七日生于长沙府后街15号曾宅百恕堂，她在4个姐妹中排行第二。在我国新民主主义革命时期，她参加了北伐战争，打过仗，坐过牢，做过地下工作，是曾国藩兄弟后裔中第一位中共党员。1927年，她与叶剑英结为夫妻，并加入中国共产党。新中国成立后，她一直担任全国妇联高层领导职务。她的一生非同一般。

（1）冲破封建家庭束缚走上革命道路

曾宪植的父亲曾昭和，字镇渭，号伯康，生于光绪十四年（1888年），毕业于湖南公立法政专门学校，曾任国民政府湖北夏口地方法院推事。她的母亲李氏，出身于书香之家。曾宪植诞生在这样的家庭里，特别是曾家的家训代代相传，要求后辈必须严格遵守，所以她从小就深受封建家庭的束缚。

曾宪植6岁入长沙古稻田师范附小读书，接受新式正规教育。1923年小学毕业后考入长沙古稻田师范，在校学习期间，因受到革命思想的熏陶，逐渐对封建家庭的束缚表示不满，心中萌发了走革命道路的想法。第一次国共合作后，1926年5月，叶挺独立团作为北伐先锋奉命进入湖南，揭开了北伐战争的序幕。7月，国民革命军大举北伐，相继攻占长沙、武汉，湖南、湖北农村大革命也随之爆发，曾宪植的思想有了进一步提升，同时也为革命形势的发展所鼓舞。1927年初春的一天，她趁家人都到族人家中吃生日酒

161

之际，与几个同学悄悄乘火车到了武汉，考入中央军事政治学校武汉分校女生队学习，成为我国新民主主义革命时期的第一批女兵之一，也是曾国藩家族中的第一个女兵。

（2）在白色恐怖最严重的时候入党

1927年，蒋介石发动四一二反革命政变，紧接着汪精卫发动七一五反革命政变，国共合作的局面破裂，大批共产党员和工农群众惨遭杀害，全国处于一片白色恐怖之中。曾宪植没有向反动势力屈服，这年12月，她参加了由张太雷、叶挺、叶剑英等人领导的广州起义。起义失败后，她转道到达香港，在廖承志的领导下从事海外华侨联络工作。

1928年春，白色恐怖更加严重，有人脱离了共产党，有人甚至叛变革命，但年仅18岁的曾宪植却毅然加入了中国共产党，成为曾国藩兄弟后裔中第一位无产阶级先锋战士。是年夏天，她受党的派遣，由香港转赴上海地下党留守机关工作，并就读于华南大学以做掩护。1929年5月，她在上海参加反对国民党政府的示威游行和张贴标语等活动，被国民党逮捕入狱，后经共产党地下组织营救出狱，被派往日本留学。此时，日本帝国主义对中国留日学生中的共产党人进行大搜捕，曾宪植被人出卖入狱。对她这次被捕在狱中的情况，1993年第4期《传记文学》刊登的李卫平撰写的《阿曾妈妈》一文，做了详细记述：

> 在异国的牢房中，孤身一人、举目无亲的阿曾，镇定自若，神情傲岸。清晨，她将全天仅有的一小罐食用水匀出一些，小心地倒在一只小木碗里，用手帕沾着碗里的水，一丝不苟地洗理着面容，即使那身破烂肮脏的囚衣，也丝毫未能羞辱住这位来自浃

泱大国的少女。狡猾的日本人，从阿曾不凡的气质中像是悟出了什么。一天，他们找来了一个"中国通"，一起提审阿曾，问她是不是共产党人。机智的阿曾用湖南话响亮地反问对方："你可晓得中国的曾国藩吗？我是他的九弟名将曾国荃的玄孙女！"那个"中国通"听罢大吃一惊，似信非信地一阵盘问。阿曾如数家珍般地把族人们一一说了个遍，就连曾国藩的儿女亲家，那位率领大军出征西域，抗击英俄吞并新疆的爱国将领——左宗棠大人，也被捎了进去。"中国通"木呆呆地听完了阿曾的"陈述"，一下子竟从椅子上蹦了起来，冲着这位"大清帝国"的名门之后，鞠了个九十度的躬身大礼。第二天，阿曾被日本人恭恭敬敬地请出了牢房。出狱后，阿曾利用她特殊的家庭背景完成了在日本的留学。

（3）在艰难岁月与叶剑英结婚

1931年，曾宪植从日本回国留香港待命。1937年7月抗日战争爆发后，曾宪植随叶剑英、李克农等从长沙赴武汉开展统一战线工作。她先在新华日报社工作，不久去云南。1939年春，她将刚出生8个月的儿子叶选宁改名为曾庆馨，送回湘乡托家人抚养，自己则随叶剑英转赴广西桂林，在桂林八路军办事处从事联络工作。叶选宁在湘乡生活了7年，抗战胜利后又居住在长沙府后街曾宅百恕堂。1950年，叶剑英从广州赴京途中，专门到长沙百恕堂将叶选宁接去北京。后来，叶选宁长期在中国人民解放军部队工作，中将军衔，现退任住广州。

1941年春，叶剑英奉命任中共中央军委参谋长，曾宪植与丈夫一起回到延安，进入中共中央马列主义学院学习，结业后被分配到中共中央敌工部

曾国藩第五代侄孙女曾宪植（右一）与周恩来夫人邓颖超（中）和鲁迅夫人许广平（左一）等合影

工作。1945 年 12 月，叶剑英作为中共出席政协会议代表团成员赴重庆，并协助周恩来与国民党代表就停止军事冲突等问题进行谈判，1946 年 1 月国共双方达成停战协定。曾宪植随代表团至重庆，担任邓颖超的秘书。1946 年 6 月，蒋介石悍然撕毁停战协定和政协协议，发动全面内战，曾宪植随中共代表团撤返延安。1947 年 3 月，她又随中共中央机关撤出延安，转移到晋察冀解放区，投身轰轰烈烈的土地改革运动。

（4）以饱满的热情投身妇联工作

曾宪植参与土地改革运动没多久，党中央又让她从事妇联工作。1948 年冬，曾宪植在西柏坡参加了中共中央妇女工作会议。会议决定于次年 3 月在北平召开全国妇女第一次代表大会，成立全国妇女联合会。她受命担任筹备委员会副秘书长，率领一批妇女干部先入北平打前站。经过一个月的紧张筹划，全国妇女第一次代表大会于 1949 年 3 月 24 日至 4 月 3 日胜利召开。会议通过了中国妇女运动当前任务的决议，选举了领导机构，成立了中华全国民主妇女联合会。鉴于曾宪植的资历和才能，中共中央先后任命她为全国妇联副秘书长、书记处书记、主席团委员、党组成员、党组副书记、机关党委书记、中央直属机关党委委员等。1966 年"文化大革命"以前，曾宪植以饱满的热情和充沛的精力投身妇联工作，经常深入基层解决实际问题，为新中国妇女在政治、经济和教育上取得与男子平等的地位做了许多有益的工作。毛泽东对她从事的妇女工作很满意。1953 年 4 月，全国妇女第二次代表大会在北京召开，毛泽东接见全体代表时，在十步之外就认出了站在前排迎接他的全国妇联领导人之一的曾宪植，与她有一段对话可充分说明这一点。对此情况，李卫平撰写的《阿曾妈妈》是这样记述的：

这不是那个阿……阿……阿曾吗？！

毛泽东操着一口浓重的湖南乡音，幽默地、故意打着结巴召唤着她。

这位北伐战争中的女战士，迎着毛泽东的召唤，大步迎上前，一个标准的立正之后，用同样的湖南乡音无拘无束地大声说道："报告主席，我正是那个阿……阿……阿曾嘞！"

毛泽东开怀大笑。握着阿曾的手，望着代表们半是玩笑、半是认真地发问道："阿曾嘞，你们这支娘子军怕是打不过曾文正公的那支湘军吧？"

"打得过！打得过！定是打得过！"阿曾神态严肃而又自信地回答。

毛泽东欣慰地点了点头，让阿曾站在自己身旁，一同朝代表们走去……

接见结束时，阿曾向毛泽东告别。

毛泽东用责备的口吻对阿曾说："进了城了，你们也不来看我，我们见面少喽，这一见，你都成了老曾喽！"

"主席工作忙，不便打扰。"阿曾向毛泽东解释说。

"不对吧，我看是有个鬼吧！有个门禁森严的鬼吧！"毛泽东挥手在空中画了个大圆圈，大声说道。语气中流露出几分无奈，几分的"怪罪"。

这段风趣的对话，说明毛泽东对曾宪植有很好的印象。否则，毛泽东是不会这样与她对话的。

（5）身遭"四人帮"迫害

1966年夏"文化大革命"爆发以后，曾宪植因为人耿直，不善奉迎，加之出身于剥削阶级家庭，历史上又先后坐过两次牢，从而遭到林彪、康生和江青等人的残酷迫害，被下放到河北衡水县（今衡水市）的农村，失去了人身自由，被迫干繁重的农活，受尽了折磨。她的儿子叶选宁也受到牵连，并且因为说了对"文革"的一位大人物不满的话，以"反革命罪"坐牢，后又在一个农场劳改。在农场劳改期间，右臂被机器压断，从而终身残疾。在这种情况下，管教他的干部才允许他回京看望母亲。回到北京，他得知母亲仍在衡水县农村劳动，并且年老多病，于是用左手给毛泽东写了一封长信，请求毛泽东批准母亲回京治病。毛泽东收到叶选宁寄来的信，当即批示："似应同意他的请求，请恩来同志予以安排。"周恩来根据毛泽东的批示，立即派人到衡水将曾宪植接回北京，住进了阜外医院。当时，曾宪植的血色素极少，说明其病情已非常严重。由此可看出，"四人帮"对曾宪植的迫害是多么残酷！

（6）晚年焕发革命的青春

1976 年 10 月，"四人帮"反党集团被粉碎后，曾宪植获得了人身自由，焕发了革命的青春。1978 年 9 月，她在全国妇女第四次代表大会上被选为全国妇联副主席，并重新担任党组副书记。任职后，她不顾年老多病，尽心尽力抓好分管的工作，并深入基层搞调查研究，受到大家的高度称赞。1982 年她退居第二线，仍积极关心妇联工作，同志们称赞她是"革命的不老松，妇联的贴心人"。她还是第一届全国人民代表大会代表，第三届和第六届全国政协委员，第四届和第五届全国政协常委。

1989 年 10 月 11 日，曾宪植病逝于澳门。10 月 20 日，全国妇联在广州为她举行遗体告别仪式；24 日，又举行了隆重的追悼大会，充分肯定曾宪植光辉的革命一生以及为中国妇女运动做出的杰出贡献。

8．被联合国聘为文教委员的曾厚熙

曾厚熙，派名宪杰，生于中华民国五年（1916 年）十月初三，是曾国藩的三弟曾国荃的玄孙。他的画作在国内外享有很高的声誉，因而他被联合国聘为文教委员，是曾国藩兄弟后裔中有巨大成就的艺术家。

（1）崭露头角的中学生

曾厚熙自幼接受严格的家庭教育，从小对学画很有兴趣，几岁的时候，就能把观察到的人物形象及动物轮廓描画在墙上、地上，表现出作画的天分。在他进入长沙雅礼中学读书后，父亲为了发挥他的绘画特长，聘请了一位彭姓国画家对他进行专业指导。经过刻苦的学习和实践，他的画作在中学时就崭露头角，在学校和社会上都有一定影响。与此同时，曾厚熙没有放弃学业，各科成绩优秀，高中毕业后考入湖北华中大学，大学毕业后又考入中央陆军军官学校云南分校。其后则以作画为主要职业，这说明他的画已具有很高水平。

（2）以画做武器宣传救亡

抗日战争时期，曾厚熙的绘画水平又有新的提高。他在抗日民族精神的感召下，以书画为武器，积极从事抗日救亡运动，在国内文艺界起了带头作用，引起强烈反响。特别是他在长沙举办画展，所得收入尽数捐赠给流亡学生，解除他们生活上的困难，表现出强烈的爱国心，受到人们的高度称赞。

（3）一幅神像画引来众多佛教徒敬拜

泰国有一个怡保霹雳洞，过去到此洞游览的人甚少，并且人们都把这个山洞视为一般的风景区。1955 年，曾厚熙应邀到泰国、新加坡、越南、菲律宾等东南亚国家举办画展。在此期间，泰国佛学家张仙如请他在怡保霹雳洞石壁上绘了一幅高约 10 米的佛教守护神韦驮画像，韦驮将军仗剑挺立，端庄肃穆，气宇非凡，因而吸引了众多的佛教徒前来敬拜。从此人们不再把这个山洞看作是一般的风景区，而视为有神灵的地方，这里日日香火通明，成了东南亚的佛教圣地之一。

（4）画作引起联合国重视

20 世纪 60 年代初，联合国文教委员会要选聘委员，负责这次选聘的官员经过深入调查研究，得知曾厚熙是世界闻名的艺术家。

1950 年，曾厚熙在我国香港、澳门地区及新加坡、印尼等地举办个人画展，其规模和影响都超过一般的个人画展，尤其在港澳同胞和海外侨胞中产生了很大影响。1953 年，曾厚熙应中非、马达加斯加的邀请，参加在当地举办的齐白石、张大千、徐悲鸿、傅抱石的书画展览，他也带去了自己的画作。国内外的艺术家们看了他的画作，给予很高的评价。1954 年，曾厚熙应于右任、张大千之邀，赴台湾地区参加由台湾博物馆举办的画展。他所参展的一幅夜宴图，悬挂在台湾"国宾馆"，获得人们的交口赞誉，被认为是一幅体现国画艺术特点的代表作。不久，他与张大千一道应邀到巴西、法国举办专题画展，在西方世界引起轰动，因而引起联合国文教委员会对他的重视，随即他被聘为联合国文教委员会的委员。由此也可以说明他的艺术成就享誉世界。

曾氏迁湖南湘乡族脉传代情况简表

代 数	姓 名	别 名	生卒时间	妻室	子 女	备 注
始祖	曾孟学	少林	明万历三十年（1602年）九月二十六日生，卒于清康熙十九年（1680年）九月十六日，享年78岁	配屈氏	生子7人：曾宏佑、曾宏奉、曾宏麟、曾宏臣、曾宏鹤、曾宏钦、曾宏茂	携长子曾宏佑、次子曾宏奉迁湘乡，另5人仍居衡山
二代	曾宏佑		不详	配陈氏	生子6人：曾贞菖、曾贞连、曾贞瑞、曾贞桢、曾贞祥、曾贞鸿	系曾氏迁湘乡二代始祖
三代	曾贞桢	元吉	康熙三十三年（1694年）二月二十三日生，卒于乾隆二十九年（1764年）八月十五日，享年70岁	配陈氏	生子6人：曾尚梁、曾尚庭、曾尚榜、曾尚怀、曾尚莅、曾尚烈	曾国藩称其为太高祖
四代	曾尚庭	号辅臣，又号辅庭，字兴庭	康熙六十一年（1722年）正月初三生，卒于乾隆四十一年（1776年）五月十四日，享年54岁	配蒋氏，继配妻刘氏	生子曾衍胜，女曾衍采	曾国藩称其为高祖父
五代	曾衍胜	又名曾竟希，字儒胜，别号慎斋	乾隆八年（1743年）五月二十三日生，卒于嘉庆二十一年（1816年）十二月十八日，享年73岁	配彭氏	生子5人：曾兴教、曾兴致、曾兴文、曾兴叔、曾兴效	曾国藩称其为曾祖父

代数	姓名	别名	生卒时间	妻室	子女	备注
六代	曾兴文	又名曾玉屏、曾星冈	乾隆三十九年（1774年）正月初八生，卒于道光二十九年（1849年）十月初四，享年75岁	配王氏	生子3人：曾毓济、曾毓台、曾毓驷（即曾骥云）	曾国藩祖父
七代	曾毓济	又名曾麟书，字竹亭	乾隆五十五年（1790年）十月初九生，卒于咸丰七年（1857年）二月初四，享年67岁	配江氏	生子5人：曾国藩、曾国潢、曾国华、曾国荃、曾国葆。生女4人：曾国兰、曾国蕙、曾国芝、满妹	曾国藩父亲
八代	曾国藩	乳名宽一，学名子城，字伯涵，又字屈武，号涤生，后改国藩	嘉庆十六年（1811年）十月十一日生，卒于同治十一年（1872年）二月初四，享年61岁	配欧阳氏，娶妾陈氏	生子3人：曾纪第、曾纪泽、曾纪鸿。5女：曾纪静、曾纪耀、曾纪琛、曾纪纯、曾纪芬	曾毓济长子
九代	曾纪第	又名曾祯第	道光十七年（1837年）十月初二生，道光十九年（1839年）二月初一出痘夭亡，在世1年零4个月	未婚配	无后代	曾国藩长子
	曾纪泽	字劼刚，号梦瞻	道光十九年（1839年）十一月初二生，卒于光绪十六年（1890年）闰二月二十三日，享年51岁	配贺氏，继配妻刘氏	有3子3女。长子曾广铭，次子曾广銮，三子曾广阳，长女曾广璇，次女曾广蓉，三女曾广秀	曾国藩次子

代数	姓名	别名	生卒时间	妻室	子女	备注
九代	曾纪鸿	初名纪櫆,字栗诚	道光二十八年(1848年)二月二十四日生,卒于光绪七年(1881年)三月十五日,享年33岁	妻郭筠	有5子1女。长子曾广钧,次子曾广钊,三子曾广镕,四子曾广铨,五子曾广钟;女曾广珊	曾国藩三子
	曾纪静	字孟衡	道光二十一年(1841年)十一月十五日生,卒于同治九年(1870年)九月下旬,享年29岁	嫁袁漱六子袁榆生	未生育	曾国藩长女
	曾纪耀	字仲坤	道光二十三年(1843年)八月诞生,卒于光绪七年(1881年)十月,享年38岁	嫁陈岱云之子陈松生	未生育	曾国藩次女
	曾纪琛	字凤如	道光二十四年(1844年)八月二十九日生,卒于中华民国元年(1912年)十月,享年68岁	嫁罗泽南之子罗兆升	生1子	曾国藩三女
	曾纪纯		道光二十六年(1846年)九月十八日生,卒于光绪七年(1881年)五月,享年35岁	嫁郭嵩焘之子郭依永	生1女	曾国藩四女
	曾纪芬	号崇德,晚年自称"崇德老人"	咸丰二年(1852年)三月三十日生,卒于中华民国二十四年(1935年),享年83岁	嫁聂亦峰之子聂缉规木	生8子4女	曾国藩五女

代 数	姓 名	别 名	生卒时间	妻 室	子 女	备 注
十代	曾广铭	乳名同儿	同治十年（1871年）初生，七月二十三日幼殇		无后代	曾纪泽长子
	曾广璇		咸丰十一年（1861年）生，卒于光绪十五年（1889年），享年28岁	嫁李鸿章侄儿李经馥		曾纪泽长女
	曾广慕		生年不详，卒于光绪二十五年（1899年）	嫁浙江吴兴县吴永		曾纪泽次女
	曾广秀		同治六年（1867年）正月二十六日生，卒于同治八年（1869年）正月，时仅两岁			曾纪泽三女
	曾广阳	字骧伦，号庆博	光绪五年（1879年）八月十二日生，卒于光绪十三年（1887年）二月，8岁病亡			曾纪泽三子
	曾广钧	字重伯，号怀远、约思，又名伋安	同治五年（1866年）八月初十生，卒于中华民国十八年（1929年）十月十一日，享年63岁	1生5次婚配，原配唐氏	生3子1女	曾纪鸿长子
	曾广钊		幼殇			曾纪鸿次子
	曾广镕	字理初，号甄远	同治九年（1870年）二月初六生，卒于中华民国十八年（1929年）八月十四日，享年59岁	原配黄氏，继配周氏	生6子5女	曾纪鸿三子

代数	姓名	别名	生卒时间	妻室	子女	备注
十代	曾广铨	字靖彝，号敬怡	同治十年（1871年）正月二十六日生，中华民国二十九年（1940年）三月二十三日卒于九龙，享年69岁	配李元度之女	生1子1女	曾纪鸿四子，曾纪泽养子
	曾广珊	心杏老人、辉远老人	同治十一年（1872年）二月二十七日生，卒年不详	嫁俞明颐	生10个子女	曾纪鸿之女
	曾广钟	字君融、季融，号葆光	光绪元年（1875年）正月十四生，卒于中华民国十二年（1923年）正月二十九日，享年48岁	配萧氏	生3子2女	曾纪鸿五子

曾国藩家教和曾氏后世传人年谱简编

道光十三年（1833年）

十二月，曾国藩与塾师欧阳凝祉之女欧阳氏成亲完婚。

道光十七年（1837年）

十月初二，曾国藩长子曾纪第诞生于家乡白杨坪老屋。

道光十九年（1839年）

二月初一，长子曾纪第出痘幼殇。在此之前的正月二十九日，曾国藩的满妹也因出痘治疗无效死亡，年仅8岁半。初七，曾国藩出于对其妹和长子的悲伤之感，作《哭亡妹亡儿》。其中这样写道："儿子生十七年丁酉十月初二戌时，至是一年零四月……满妹与儿子，生时无片刻离身，至是皆以逆症夭亡，痛哉！"

十一月初二，次子曾纪泽诞生于家乡白杨坪老屋。出生后非常爱哭，特别是夜间啼哭不止。因此，家里人都称他为"夜哭郎"。"夜哭郎哭声朗，父母愁眉心发慌。"母亲为了让曾纪泽不再啼哭不止，便跪在家中供奉的观音菩萨面前祈祷保佑，但没有改变其爱哭的状况。根据这种情况，众多的亲友便说："这个孩子爱哭，难成大器，长大成人后不会大有作为！"

道光二十年（1840 年）

曾纪泽随母和祖父赴京，居南横街千佛寺内。

道光二十一年（1841 年）

曾纪泽于五月起经常患病，使曾国藩"时时惶惧"。

十一月十五日，长女曾纪静诞生于京城绳匠胡同曾寓。

道光二十二年（1842 年）

曾国潢长子曾纪梁诞生。

道光二十三年（1843 年）

三月二十三日，曾国藩在《禀祖父母》中说："孙妇现已有喜，约七月可分娩。"

八月，次女曾纪耀诞生于京城绳匠胡同曾寓。

道光二十四年（1844 年）

曾纪泽从小聪明好学，其父又是朝廷要员，故在幼儿时就有许多人为其说媒。安徽庐凤道的周介夫，欲将女儿许配给纪泽；任安徽臬台的常南陔，欲将其孙女许配给纪泽。二月十四日，曾国藩在《致诸弟》中表示"俱不甚愿"。

三月二十四日，曾国藩移居北京前门内西边碾儿胡同，居所名曰"求阙斋"，意即"盖求缺于他事，而求全于堂上"。

六月十七日，曾纪泽读完《三字经》。十八日起，读《尔雅》，每日读二十余字。

八月二十九日申刻，三女曾纪琛诞生于碾儿胡同曾寓。

十月二十一日，曾纪泽"读书有恒，已读《尔雅》一本。共4本，大约明年下半年可读完"。

十一月二十一日，曾国藩在《禀祖父母》中说："曾孙最好写字，散学后则在其母房中多写，至初更犹不肯睡，骂亦不止。目下天寒墨冻，脱手写多不成字，兹命之写禀安帖寄呈，以博堂上大人一欢笑而已。"

时任安徽按察使的衡阳人常大淳，欲与曾家联姻。曾国藩听说"常世兄最好恃父势作威福，衣服鲜明，仆从煊赫，恐其家女子有宦家骄奢习气"，怕乱家规，故于十二月十八日在《致诸弟》中表示，与常家联姻宜慎重。还说对宗族姻党一概爱之敬之，万不可专责他人。

道光二十五年（1845年）

七月十六日，曾国藩在《禀父母》中说，纪泽读《尔雅》后，读《诗经》已至《邶风》中的《凯风》。

十月二十九日，曾国藩在《禀父母》中说："纪泽《郑风》已读毕，《古诗十九首》亦已读毕。"

道光二十六年（1846年）

五月十七日，"纪泽生书已读至'浩浩昊天'，古诗已读半本书，书皆熟"。

九月十八日，曾国藩祖母王氏在家去世。在此日，四女曾纪纯在碾儿胡同曾寓诞生。

道光二十七年（1847 年）

大女儿曾纪静与袁家订姻，于八月初六写庚书过礼。

八月十八日，"纪泽现已读至《梁惠王章句下》。每日读书，颇能领会"。

九月初十，曾纪静读《论语》将毕。

十月十五日，曾纪泽读至《滕文公上》，曾纪静读至《颜渊第十二》。

道光二十八年（1848 年）

二月二十四日亥时，三子曾纪鸿出生于京城南横街路北宅。

五月初十，曾纪静读《论语》毕。

十一月十四日，纪泽读书至《太甲上》。

道光二十九年（1849 年）

正月初十，曾纪泽以《舜征有苗篇》为题，作四言诗一篇，诗文清丽，受到称赞。

二月初六，纪泽读书已至《酒诰》，每日讲"纲鉴"一页，颇能记忆。

三月二十一日，曾国藩说："以做官发财为耻，以官囊积金遗子孙为可羞可恨，故私心立誓，总不靠做官发财以遗后人。……若禄入较丰，除堂上甘旨之外，尽以周济亲戚族党之穷者。"

四月十六日，曾国藩说："纪泽前因开蒙太早，教得太宽，须读毕《书经》，请先生再将《诗经》点读一遍。"对曾纪泽的婚事，曾国藩在此日说："再缓一二年，亦无不可。或求大人即在乡间选一耕读人家之女，或男在京自定，总以无富贵气习者为主。"还说："教诸弟及儿辈，但愿其为耕读孝友之家，不愿其为仕宦之家。"

五月十五日，曾国藩考虑到三子曾纪襂这名，与叔父曾骥云之名音相近，故将其纪襂改为"纪鸿"。

六月初一起，曾国藩子侄辈按"甲科鼎盛"四字排行。

咸丰元年（1851年）

六月初一，曾纪泽婚事在贺、黄两家均未定的情况下，曾国藩说："余意乡间若有孝友书香之家，不必问其贫富，亦可开亲。"

十月十二日，曾国藩说："京师女流之辈，凡儿女定亲，最讲究嫡出庶出之分。内人闻贺家姻事，即托打听是否庶出，余以其无从细询，亦遂置之。"

咸丰二年（1852年）

三月三十日丑时，满女曾纪芬（号崇德，晚年自称"崇德老人"）生于京城贾家胡同曾寓。

六月十二日，曾国藩母亲江氏去世，夫人欧阳氏带子女自京返乡。坐马车至湖北襄阳登舟，幼弱牵随。曾纪泽在舟上几次失足溺于水中，幸母舅见而救之出险。

七月二十五日，曾国藩途经安徽太和县境内的小池驿时，得知母亲去世的消息，便转至九江乘船西上回籍奔丧，八月二十三日抵家。

咸丰三年（1853年）

曾国藩居家办丧事期间，对子女要求甚严，不仅催促其读书习字，而且强调帮母亲搞家务，发扬耕读家风。

咸丰四年（1854 年）

四月十四日，曾国藩要求："吾家子侄半耕半读，以守先人之旧，慎无存半点官气。不许坐轿，不唤人取水添茶等事。其拾柴收粪等事，须一一为之；插田莳禾等事，亦时时学之。庶渐渐务本而不习于淫佚矣。至要至要，千嘱万嘱。"

六月初二，曾国藩说："一家之中勤则兴，懒则败，一定之理。愿吾弟及吾儿等听之省之。"

八月，曾国藩家教说："子侄除读书外，教之扫屋、抹桌凳、收粪、锄草，是极好之事，切不可以为有损架子而不为也。"

十一月二十三日，曾国藩说："诸弟及吾妻吾子吾侄吾诸女侄女辈，概愿俭于自奉，不可倚势欺人。古人谓无实而享大名者，必有奇祸。吾常常以此儆惧，故不能不详告贤弟，尤望贤弟时时教戒吾子吾侄也。"

咸丰五年（1855 年）

二月二十九日，曾国藩说："纪泽儿读书记性不好，悟性较佳。若令其句句读熟，或责其不可再生，则愈读愈蠢，将来仍不能读完经书也。请植弟将泽儿未读之经，每日点五六百字教一遍，解一遍，令其读十遍而已，不必能背诵也，不必常温习也。"

曾国藩还说："儿侄辈写字亦要紧，须令其多临帖。临行草字亦自有益，不必禁之。"

三月二十日，曾国藩说："纪泽儿记性极平常，不必力求读书背诵，但宜常看生书。讲解数遍，自然有益。八股文、试帖诗皆非今日之急务，尽可不看不作。……纪鸿儿亦不必读八股文，徒费时日，实无益也。"

九月三十日，曾国藩得知家中添置织布机六七架，曾纪静等"妇女大小皆纺纱织布"，极为欣慰。

咸丰六年（1856 年）

三月二十一日，曾纪泽与贺长龄之女成婚。曾国藩强调："新妇始至吾家，教以勤俭，纺绩以事缝纫，下厨以议酒食。此二者，妇职之最要者也。孝敬以奉长上，温和以待同辈。此二者，妇道之最要者也。"

九月二十九日，曾国藩在《谕纪泽》中说："凡人多望子孙为大官，余不愿为大官，但愿为读书明理之君子。"还说："凡富贵功名，皆由命定，半由人力，半由天事。惟学作圣贤，全由自己作主，不与天命相干涉。"

十月初二，曾国藩在《谕纪泽》中说："新妇初来，宜教之入厨作羹，勤于纺绩，不宜因其为富贵之女不事操作。"

咸丰七年（1857 年）

十二月十四日，曾国藩说："人而无恒，终身一无所成。"

咸丰八年（1858 年）

七月二十日，曾国藩在《谕纪泽》中说："读书之法，看、读、写、作，四者每日不可缺一。"还说："写字，真行篆隶，尔颇好之，切不可间断一日。

既要求好，又要求快。"

八月二十日，在《谕纪泽》中教学诗学字之方法，并以其"三耻"启迪儿子。对参加科举考试，曾国藩说："今年初次下场，或中或不中，无甚关系，榜后即当看《诗经》注疏。"

九月，乡试发榜，原湘乡县中3名，即曾纪泽、傅泽鸿、黄麓溪。当时，黄麓溪40岁，而曾纪泽年仅18岁。因此，曾国藩获悉大喜，高兴地说："湖南乡试榜发，吾邑得中者三人……麓溪中甫四十，而子已登科，可谓早矣！"

十月二十五日，在《谕纪泽》中，谈读《诗经》、作札记、作赋及习字诸事。

咸丰九年（1859年）

三月二十三日，对纪泽言书法之派别。

四月二十一日，对纪泽详告读书宜知所选择。

六月十四日，对纪泽谈读书一怕无恒，二怕未看明白。

八月十二日，对纪泽谈作字换笔之法。

九月十六日，曾纪泽续娶曾国藩好友刘霞仙之女。

十月十四日，在《谕纪泽》中，告诫早起、有恒及厚生咸事。

咸丰十年（1860年）

闰三月二十九日，强调"八字"家教。

四月初四，对纪泽提出限定功课。

四月二十四日，谕纪泽作文写字以珠圆玉润四字为主。

五月，曾纪泽离湖南家乡，赴江西父亲军营。二十八日自长沙乘船。

六月二十日，曾纪泽到父亲军营。

十月初四，曾国藩针对曾国葆弟给曾纪泽赴江西"途费太多"的情况，说："余家后辈子弟，全未见过艰苦模样，眼孔大，口气大，呼奴喝婢，习惯自然，骄傲之气入于膏肓，吾深以为虑。"

十月十六日，谕纪泽、纪鸿戒举止太轻，勿积银钱置田产。

咸丰十一年（1861年）

正月初四，曾国藩说："吾家子弟满腔骄傲之气，开口便道人短长，笑人鄙陋，均非好气象。"

正月二十八日，曾国藩说："吾家兄弟带兵，以杀人为业。"

三月十三日，在《谕纪泽纪鸿》中说："尔等长大之后，切不可涉历兵间，此事难于见功，易于造孽，尤易于诒万世口实。"

八月初一，湘军攻占安庆后，曾国藩为了筹建中国第一家近代军事工厂——安庆内军械所，邀请著名科学家徐寿和华蘅芳等从事研制工作。曾纪泽利用这个有利条件，除温习经史典籍外，还涉猎西欧的数学、物理、天文等书，并攻读英语。

十二月初三，曾国藩的长女曾纪静出嫁。曾纪泽的长女曾广璇在此年诞生。

同治元年（1862年）

正月十四日，曾国藩在《谕纪泽》中说："尔之才思，能古雅而不能雄骏，大约宜作五言。"

二月，曾纪鸿参加湘乡县试，荣登榜首。曾国藩次女曾纪耀出嫁。

四月二十四日，曾国藩在《谕纪泽纪鸿》中说："人之气质，由于天生，本难改变，惟读书则可变化气质。古之精相法（者），并言读书可以变换骨相。"曾国藩三女曾纪琛出嫁。

六月，曾纪鸿补县学员。

七月十四日，曾国藩对曾纪泽说："尔既无志于科名禄位，但能多读古书，时时哦诗作字，以陶冶性情，则一生受用不尽。"

同治二年（1863 年）

八月十二日，对纪鸿自家出行，强调船上不可挂大帅旗，沿途不可惊动长官。

九月初四，曾国藩针对儿女早婚，认为"床上添双足，诗书高挂搁"，不利读书。

十二月十四日，曾国藩说："凡将相无种，圣贤豪杰亦无种，只要人肯立志，都可以做得到的。"

同治三年（1864 年）

六月，曾纪鸿回湘参加乡试。二十九日，内阁奉上谕："曾国藩着加恩赏加太子太保，赐封一等侯爵，世袭罔替并赏戴双眼花翎。"

七月初九，对曾纪鸿回湘参加乡试，特别告诫："场前不可与州县来往，不可送条子，进身之始，务知自重。"

八月，曾纪鸿去省城参加乡试，其结果未中。

九月十二日，曾国藩在安庆收到曾国潢邮寄的曾纪鸿试卷，阅后，于十四日说："纪鸿之文，万无中举之理……工夫太早，中则必为有识者所笑，亦可惧也。"

同治四年（1865 年）

四月二十一日，曾纪鸿与郭筠在金陵督署成婚。

五月二十五日，曾国藩说："吾不望代代得富贵，但愿代代有秀才。秀才者，读书之种子也，世家之招牌也，礼义之旗帜也。"

同治五年（1866 年）

二月二十八日，对纪鸿学字，强调当学颜、柳。

六月初五，提出"养生之法约有五事：一曰眠食有恒，二曰惩忿，三曰节欲，四曰每夜临睡洗脚，五曰每日两饭后各行三千步！"

八月初十，曾纪鸿长子曾广钧诞生于武昌曾国荃抚署多桂堂。

九月十二日，曾国藩说："凡国之强，必须多得贤臣工；家之强，必须多出贤子弟。"

同治六年（1867 年）

正月二十二日，曾国藩说，人生在世，"从波平浪静处安身，莫从掀天揭地处着想"。二十六日，曾纪泽第三女曾广秀诞生。

二月二十九日，曾国藩说："谚云吃一堑长一智，吾生平长进全在受挫受辱之时。务须咬牙励志，蓄其气而长其智，切不可恭然自馁也。"

同治七年（1868 年）

正月十七日，曾国藩在日记中写道："吾家子侄辈亦多轻慢师长，讥笑人短之恶习。欲求稍有成立，必先力除此习，力戒此骄；欲禁子侄之骄，先戒吾心之自骄自满，愿终身自勉之。"

二月初四说："治生不求富，读书不求官……修德不求报，能文不求名。"

二月二十九日，曾国藩在日记中写道："昔年曾以居官四败、居家四败书于日记，以自儆惕。兹恐久而遗忘，再书于此，与前次稍有不同。居官四败：曰昏惰任下者败，傲狠妄为者败，贪鄙无忌者败，反复多诈者败。居家四败：妇女奢淫者败，子弟骄怠者败，兄弟不和者败，侮师慢客者败。仕宦之家不犯此八败，庶有悠久之气象。"

五月二十九日，曾纪鸿次子曾广钊诞生，幼殇。

同治八年（1869 年）

正月，曾纪泽第三女广秀殇亡，时仅两岁。

二月十八日，曾国藩得知广秀殇亡之事，给曾纪泽写信说："知三孙女广秀殇亡，殊为感恼，知尔夫妇尤伤怀也……吾观乡里贫家儿女愈看得贱愈容易长大，富户儿女愈看得娇愈难成器。尔夫妇视儿女过于娇贵。柳子厚《郭橐驼传》所谓且视而暮抚、爪肤而摇本者，爱之而反以害之，彼谓养树通于养民，吾谓养树通于养儿。尔与冢妇宜深晓此意。"

同治九年（1870 年）

二月初六，曾纪鸿三子曾广镕诞生。

四月二十八日，曾纪泽进京例授正二品荫生，补户部员外郎。

曾国藩不以儿升官为慰，而愿其子读书明理。

五月二十三日，发生天津教案。二十六日，曾国藩接奉前往查办之命。

六月初四，在赴天津查办教案前恐有不测，在保定署中写遗书以示二子，并附《不忮不求诗》二首给儿辈。

八月初四，两江总督马新贻遇刺身亡后，曾国藩调补两江总督。纪泽、纪鸿随同，其间从西人马格里学英语。

九月，曾纪静病逝，时年 29 岁。

十一月初二，曾国藩信谕儿辈每日慎独、主敬、求仁、习劳四课。

同治十年（1871 年）

正月十八日，曾纪泽继配夫人刘氏生曾广铭。

正月二十六日，曾纪鸿第四子曾广铨诞生。

七月二十三日，曾广铭幼殇。

十一月初八，曾国藩在《致澄弟沅弟》中说："纪鸿拟以一子出嗣纪泽。余自十月半由苏、沪归来始闻其说，力赞成之。"二十二日，纪鸿夫妇将广铨抱送纪泽夫妇。

同治十一年（1872 年）

二月初四，曾国藩病逝于两江总督任上，享年 62 岁。二十七日，曾广珊诞生。

四月下旬，家人和亲友从南京扶柩回湘，于五月二十五日到长沙。

六月十四日出殡，暂葬于长沙南门外金盆岭。丧事毕，曾纪鸿居曾纪泽所购长沙市洪家井处曾宅。其间，经常与湖南数学爱好者探讨数学。

同治十二年（1873年）

曾纪鸿在长沙洪家井曾宅，一面侍奉母亲，一面继续努力探讨数学，经过几个月的研究，写出自己的第一部学术专著《对数详解》，计5卷，后将其编入长沙数学爱好者编辑的《白芙堂算学丛书》中。

同治十三年（1874年）

八月十三日，曾国藩的夫人欧阳氏卒于长沙洪家井曾宅，享年59岁。

十一月初五，曾纪泽将父亲改葬，与母亲合葬于长沙平塘伏龙山处。

此年冬，曾纪鸿又完成《圆率考真图解》一书的写作。

光绪元年（1875年）

正月，曾纪鸿到河南汴梁小住。九月由汴梁到天津，再到保定住李鸿章署中，准备进京应试。

正月十四日，曾纪鸿的第五子曾广钟诞生。

九月二十四日，曾纪芬出嫁，时年23岁，是曾国藩5个女儿中出嫁年龄最大者。

光绪二年（1876年）

正月，曾纪鸿入京。四月入场应试，是科又未中。九月被选入兵部武选司任郎中，妻郭筠携子女居京。

光绪三年（1877年）

曾纪泽袭封一等毅勇侯爵。

此年冬，曾纪泽的长女曾广璇嫁李鸿章的侄子李经馥。

光绪四年（1878年）

七月二十七日，曾纪泽奉旨赏戴花翎，派充法国、英国任钦差大臣。

七月，曾纪泽补授太常寺少卿。

八月十八日，西太后在养心殿召见即将出使法、英的曾纪泽，询问其准备情况。

十月二十六日，曾纪泽出使自上海启行，曾纪耀夫妇随行。

十二月初八，曾纪泽抵法国马赛。十二日，到巴黎。

光绪五年（1879年）

正月初三，曾纪泽从法国乘火轮赴英国，第二天到伦敦。

八月十二日，曾纪泽第三子曾广阳诞生。

光绪六年（1880年）

正月初三，曾纪泽奉上谕兼任驻俄钦差大臣。

六月二十四日，曾纪泽从巴黎赴俄国圣彼得堡。二十九日，到俄国外交部与俄国代理外交部部长吉尔斯、驻华公使布策福和外交部总办梅尼廓福商谈递交国书和改约事宜。

光绪七年（1881年）

正月二十六日，曾纪泽据理力争，与俄国外交部签订《中俄改订条约》，即《中俄伊犁条约》。

三月十五日，曾纪鸿在京病逝，时年33岁。

五月，曾纪纯卒于长沙曾寓，时年35岁。

五月二十七日，曾纪泽奉旨补授宗人府府丞。

七月十一日，曾纪泽奉上谕补授都察院左副都御史。

闰七月，曾纪泽与俄国换约毕回驻巴黎。

八月初一，曾纪泽照会法国外交部，明确表示中国对法国与越南缔结的条约不予承认。法国如若派兵侵略越南，中国不会置若罔闻。

十月，曾纪耀病逝于法国巴黎，时年38岁。

曾广钧特授举人，时年仅15岁。

光绪八年（1882年）

在此年，曾纪鸿的夫人郭筠勇敢地担负起督教儿女的职责，同时坚持读书写诗，将自己的书斋取名为"艺芳馆"，将诗作编为《艺芳馆诗钞》。

曾纪耀死后，丈夫陈松生整理其遗物时，发现曾纪耀写的诗稿数十篇。曾纪泽将其诗稿进行整理，编为《紫琅仙院遗稿》刊行于世。

艺芳馆一角

光绪九年（1883 年）

曾纪泽在英国伦敦谱写了中国历史上第一首国歌，名为《华祝颂》，后改名为《普天乐》。

此年中法战争爆发后，曾纪泽极力主张抗击法国的侵略，并带病通过外交途径与法国争辩有关问题。

光绪十年（1884 年）

三月，曾纪泽不再兼任驻法大使，但仍为驻英、俄大臣。此年，曾纪泽与英国议订《洋烟税厘并征条约》，为清政府争回每年白银 200 多万两。

曾纪泽奉上谕补授兵部右侍郎。

光绪十一年（1885 年）

六月，清政府诏命原任江西布政使的刘瑞芬接替曾纪泽任驻英、俄公使。在刘氏到任前，曾纪泽继续履职。

九月初六，朝廷下旨曾纪泽回国后帮办海军事务。

十二月二十六日，曾纪泽兼任兵部左侍郎。

光绪十二年（1886 年）

在此年，曾广钧入京考二等，改庶吉士。

光绪十三年（1887 年）

正月二十三日，曾纪泽调补户部右侍郎，兼管钱法堂事务。

二月，曾广阳病亡，年仅 8 岁。

曾纪泽用英文撰写了《中国先睡后醒论》，在伦敦《亚洲季刊》杂志发表后，在国际舆论界引起轰动，被视为中国投出的"舆论炸弹"。

光绪十四年（1888 年）

六月二十日，曾纪泽任朝廷管库大臣。

九月初六，曾纪泽兼署刑部右侍郎。

此年，曾纪泽的次女曾广璨嫁于浙江吴兴县的吴永。

光绪十五年（1889 年）

二月二十九日，曾纪泽奉旨派管同文馆事务。

八月初六，曾纪泽奉上谕兼署吏部左侍郎。

曾广钧复入京会试，中进士入翰林，为国史馆协修加三级，时年23岁，是翰林院最年轻者。

光绪十六年（1890年）

闰二月二十三日，曾纪泽卒于京师，享年51岁，谥惠敏，遗骨葬长沙城南曹家坳桃树湾。

曾广铨以二品荫生特赏主事员外郎，入兵部武选司任职。

光绪十七年（1891年）

曾国荃次子曾纪官的夫人刘鉴，在督教子孙时，编写了独具特色的家教教材，丰富和发展了曾氏家训、家规的内容和方法。

光绪十九年（1893年）

江南制造总局将曾纪泽遗著编印，计有奏疏6卷、文集5卷、诗集4卷、出使日记2卷，后辑为《曾惠敏公遗集》行世。

曾广铨奉上谕任兵部员外郎。

曾广铨被派任驻英使馆参赞。

十月十七日，曾纪泽之长孙曾约农诞生。

光绪二十年（1894年）

中日甲午战争爆发，曾广钧奉旨任湘鄂四十九营总翼长，统领钢武马炮队五千人出国援助朝鲜。

年仅 19 岁的曾广钟，由清正一品荫生特用任同知，统领忠、恕两营。

曾广河由邑庠生特赏员外郎，就职于刑部。

光绪二十一年（1895 年）

曾广钧经常到北京宣武门外北大街西边的达智桥胡同松筠庵处，参与清朝维新派人士组织的活动。

三月十八日，康有为和梁启超在北京达智桥胡同松筠庵起草了呼吁维新变法的《公车上书》，在京的举子和社会的维新派人士 603 人在上面签名支持，曾广钧和曾广河也在其上签了名。

四月初八，康有为和梁启超率 18 省举子和市民数千人，从松筠庵徒步到"都察院"递请愿书，曾广钧随同前往。

光绪二十二年（1896 年）

曾广河在刑部了解到清政府的一些内政外交实情，便将情况告诉维新派人士。

光绪二十三年（1897 年）

谭嗣同到湖南长沙协助巡抚陈宝箴开办时务学堂，曾广河利用请假回湖南家乡探亲的机会，与谭嗣同建立了密切关系。

光绪二十四年（1898 年）

九月二十三日，西太后下令北京全城戒严，到处缉捕捉拿维新派人士。曾纪鸿的夫人郭筠，面对这种情况，让长子曾广钧立即出京逃命，急令第五子曾广钟速到湖广会馆取回常在该馆聚会的维新派人员名单和其"门簿"，并且立即将其烧掉，以免西太后派来的人按图索骥捉拿。

九月二十八日，谭嗣同等（史称"戊戌六君子"）在北京菜市口处被杀害之后，曾广河的精神受到极大打击，"归而大恸，谓复生之死，实我杀之也"，遂仰药而死。

光绪二十五年（1899 年）

四月十六日，曾国藩弟弟曾国潢的曾孙、曾昭燏的同父异母兄曾昭抡诞生。

曾广钧被分配到广西任知府。

光绪二十六年（1900 年）

八国联军侵占北京后，曾广銮家被洋人抢劫一空，看守房屋的曾家仆人遭杀害。

光绪二十七年（1901 年）

曾纪芬的丈夫聂缉规木调补安徽巡抚，曾纪芬随同前往。

光绪二十八年（1902 年）

曾宪植的父亲曾昭和，参加湘乡县试榜上有名，成为曾国荃曾孙辈中的第一个秀才。以后，曾昭和任湖北夏口地方法院推事。

光绪二十九年（1903 年）

曾纪芬的丈夫聂缉规木改任浙江巡抚，后因浙江铜元局舞弊案发被革职，曾纪芬精神受到很大打击。

光绪三十年（1904 年）

曾广铨以候补五品京堂出使韩国（今朝鲜）大臣，时年 33 岁，为清朝最年轻的大臣。

光绪三十一年（1905 年）

曾纪瑞的孙子、曾广汉的第四子曾昭言，参加县试中榜，成为曾国荃曾孙辈中第二个秀才。

光绪三十二年（1906 年）

曾广铨被召回，任福建兴泉永兵备道。

光绪三十三年（1907 年）

曾广铨先后任云南迤西兵备道、云南粮储道、云南盐运使。

光绪三十四年（1908 年）

曾广铨以候补三品京堂出任驻德国大臣（未就任）。

宣统元年（1909 年）

曾昭燏诞生在曾国藩故乡万宜堂。

宣统二年（1910 年）

二月二十七日，曾宪植诞生于长沙。

此年春，曾广钟第三子曾昭树患白喉病去世。

宣统三年（1911 年）

辛亥革命爆发前夕，曾广钟归里，从此不再投身政治舞台。

曾广钟在上海受洗，立志要创造一个中国自立的耶稣教会。此年回到湖南后，便在长沙设立中国基督教会。

中华民国元年（1912 年）

曾约农随从姐曾宝荪赴英国留学，由中学考入伦敦大学，攻理科，后获博士学位。

曾宝荪跟随冯氏高等女校校长巴路义女士赴英国，入伦敦大学与曾约农同攻理科，力求"科学济世"。

十月，曾纪琛病亡，享年 68 岁。

中华民国二年（1913 年）

九月，曾宝荪以优异成绩考入伦敦大学。在该校，最初"选的是生物学做主科，数学是副科，但在化学及生理课程中也选了些课"。

中华民国三年（1914 年）

在此年，曾宝荪改变攻读方向，决定专学理科。

中华民国四年（1915 年）

曾昭抡考入清华留学预备学校（今清华大学的前身）。

中华民国五年（1916 年）

三月十二日，曾纪鸿的夫人郭筠病逝，享年 70 岁。

曾宝荪在伦敦大学获理科学士学位，是中国女性得此学位的第一人。

十月初三，曾厚熙诞生于家乡荷叶大夫第。

中华民国六年（1917 年）

曾宝荪从英国留学回国。

中华民国七年（1918 年）

曾约农与曾宝荪在长沙筹办艺芳女校。

九月十二日，艺芳女校开学，曾宝荪任校长，曾约农为教务主任。

中华民国八年（1919 年）

五四运动爆发后，曾宝荪和曾约农在艺芳女校成立了 3 个提倡国货的"爱国十人团"，号召大家不用日货，只用国货，以表达爱国情怀。

中华民国九年（1920 年）

五月，曾广銮病故，享年 49 岁。

九月，英国著名学者罗素应湖南教育会的邀请到长沙讲学，曾约农临场口译，受到罗素称赞。

此年秋，曾昭抡于清华留学预备学校毕业后，以公费赴美留学，入麻省理工学院化学工程系攻读化学专业。

中华民国十年（1921 年）

五月，曾广江病逝，享年 53 岁，葬长沙大托铺鸡公庙。

曾广钟与侄女曾宝荪、侄儿曾约农在长沙浏阳城外兴工建基督教礼拜堂、教徒休息室和阅读室。

中华民国十二年（1923 年）

正月二十九日，曾广钟因病去世，时年 48 岁。

中华民国十三年（1924 年）

曾厚熙入乡塾，后读新书。

中华民国十四年（1925 年）

湖南教育当局派时任长沙师范学校校长的徐特立到艺芳女校调研，在测验学生的思想和文化学习情况时，正在该校就读的曾昭燏"受到诘问，毫无破绽可乘……应对如流"，受到徐特立的称赞。

曾国潢的长子曾纪梁病亡，享年 83 岁，葬湘乡荷塘二十四都。

中华民国十五年（1926 年）

曾昭抡在美国麻省理工毕业，获博士学位。

中华民国十六年（1927 年）

正月初九，曾宪植私自离家出走到武汉，考入中共中央军事政治学校武汉分校。在校期间，曾参加北伐战争，是曾国藩家族第一个参加过战斗的女兵。

中华民国十七年（1928 年）

三月，在白色恐怖最严重之时，曾宪植毫不犹豫地加入中国共产党，时年 18 岁，是曾国藩家族中的第一个共产党员。

中华民国十八年（1929 年）

五月，曾宪植因参加反对国民党政府的示威游行和张贴标语等活动被捕入狱。后经共产党地下组织营救出狱后，留学日本。

曾昭燏在长沙艺芳女校高中毕业后，考入中央大学外语系。

八月十四日，曾广镕病逝，享年 59 岁，葬长沙南门外颜家冲。

中华民国十九年（1930 年）

在此年，日本帝国主义对中国留学生进行大搜查，曾宪植在日本被捕入狱，因查无证据，无罪释放。

中华民国二十年（1931 年）

三月三十日，曾纪芬在上海过 80 岁生日，亲友们都想为其大操大办，而曾纪芬遵曾氏先训，坚持勤俭家风，"仅备蔬食款客而已"。

中华民国二十一年（1932 年）

八月，曾昭抡在南京发起成立中国化学会，并致力创办《中国化学会会志》，后改名为《化学通报》专刊。此专刊创业后，曾昭抡任其总编辑 20 多年，为中国的化学研究和中外化学学术交流做出了贡献。

十月，曾广祚病逝，享年 53 岁，葬长沙南门外颜家湾。

中华民国二十二年（1933 年）

曾昭燏从中央大学转入南京金陵大学国学研究所深造。

曾国葆的孙子、曾纪渠的次子曾广荣病亡，享年 54 岁，葬衡阳十七都普子坪。

中华民国二十三年（1934 年）

曾昭燏到金陵大学附属中学任高三语文教师。

中华民国二十四年（1935 年）

三月，曾昭燏结束在南京学习和工作的生活，到英国伦敦留学。

五月，曾纪芬去世，享年 83 岁。其在世时生育 12 个子女。在曾国藩诸女中，其寿命最长，生活最适意，晚年撰有《廉俭救国记》以警世人。

中华民国二十五年（1936 年）

曾昭燏到英国求学，因上学期是学年最后一期，各大学都不收新生，故只能到维斯堡学校学习。然而当曾昭燏得知维斯堡学校是专门为各殖民地之公民训练补习的，故未入此校，而到伦敦大学两个学院旁听。后来得知伦敦大学艺术学院的叶慈教授是研究中国及印度佛刻铜器等艺术和考古的专家，便拜叶慈为师攻读考古专业。

中华民国二十六年（1937 年）

曾昭燏完成毕业论文《中国古代铜器铭文与花纹》，受到高度评价，并获得伦敦大学硕士学位。

七月，抗日战争爆发后，曾宪植随叶剑英、李克农等从长沙赴武汉开展统一战线工作。先在新华日报社工作，不久去云南。在这艰难的岁月里，与叶剑英结婚。

中华民国二十七年（1938 年）

蒋介石筹组中国三民主义青年团，曾宝荪为筹备委员会委员。

二月，曾昭燏被伦敦大学考古学院聘为助教，从此与考古专业结下不解之缘。

中华民国二十八年（1939 年）

日本军队大举入侵中国，南京、武汉、长沙等城市相继沦陷。在这国难当头之际，曾昭燏毅然放弃伦敦大学考古学院之聘，投身国内的考古研究。

中华民国二十九年（1940 年）

三月二十三日，曾广铨因心脏病卒于九龙，享年 69 岁，葬香港华人永远墓场绿字第 18 号。

中华民国三十年（1941 年）

三月，曾宪植赴延安入马列学院中央党校第二分部学习。结业后，被分配到中共中央敌工部工作。

中华民国三十一年（1942 年）

曾昭燏与吴金鼎合编了《云南苍洱境考古报告》一书。此书分甲、乙两编出版，对研究云南地方的古代历史提供了很有价值的资料依据，是我国考古的重要成果。

中华民国三十二年（1943 年）

曾国藩二弟曾国华的孙子曾广瞭，又名曾广植，于西南联合大学化学系毕业后，到中央大学化学系任教，后成为著名化学家。

中华民国三十三年（1944 年）

曾昭抡在昆明加入中国民主同盟，与进步人士李公朴、闻一多等为争取和平、民主和反对独裁而奋斗。

六月二十一日，湖南湘乡被日寇占领，曾约农在一个名叫彭位仁的抗日司令率领的部队中任幕僚，从事抗日工作。

中华民国三十四年（1945 年）

八月，抗日战争胜利后，曾昭燏随中央博物院筹备处从西南大后方迁返南京，仍任该院专门设计委员会委员兼任总干事。

中华民国三十五年（1946 年）

曾宝荪在原籍湘乡竞选国民大会代表，以 69028 票当选。除此，蒋介石竞选总统时，曾委托曾宝荪用英语向北美广播大会实况，受到听众称赞。

这年春，曾宪植随中共代表团到重庆，任邓颖超的秘书。曾昭抡偕同夫人前往美国麻省理工学院教授课程，并潜心于科学研究。

中华民国三十六年（1947年）

三月，曾宪植随中央机关撤出延安，转移到晋察冀根据地，深入农村投入土地改革运动。

中华民国三十七年（1948年）

九月，曾广植赴美留学，到美国印第安纳拉斐德城的帕都大学攻读有机化学专业。

十一月，曾宪植参加了中共中央在西柏坡召开的妇女工作会议。会议决定第二年三月在北平召开全国妇女第一次代表大会，并成立中华全国妇女联合会，曾宪植被任命为筹备委员会副秘书长。

中华民国三十八年（1949年）

四月二十三日，南京解放获得新生后，南京市军管会任命曾昭燏为中央博物院筹务处院务委员。

新中国成立后

1949年11月，曾宝荪与曾约农一起应邀赴印度参加世界和平会议和世界基督教协会会议。

1950年3月，中央博物院更名为南京博物院，曾昭燏被任命为该院副院长。

1951年，曾昭燏到皖北搞土改，任土改工作队副队长。

1952年，曾宝荪为联合国妇女地位委员会首席代表，积极参与国际妇女活动。

1953 年，曾昭抡任国家高教部副部长兼全国自然科学专门学会联合会副主任、中国科学院化学研究所所长、全国高分子委员会主任。曾厚熙应中非和马达加斯加的邀请，参加在当地举办的齐白石、张大千、徐悲鸿、傅抱石的书画展。

1954 年，曾昭燏被任命为南京博物院院长，直到去世任此职约 11 年，为南京博物院的建设和发展做出了很大贡献。

1955 年，曾昭抡当选为中国科学院学部委员和全国人大代表。曾约农任台湾东海大学首任校长。

1956 年，曾昭抡率中国高等教育考察团访问苏联，进行国际教育学术交流。此年，曾广植响应周恩来总理的号召，决定从美国回到祖国贡献力量，但遭到美国当局的阻拦和迫害。

1957 年 7 月 6 日，曾广植冲破种种阻力回到祖国，到中国科学院上海有机化学研究所工作。而曾昭抡，在这年被错划为"反党反社会主义的右派分子"，被撤销了一切职务。在这样的情况下，曾昭抡的精神虽然受到很大打击，但没有动摇其强烈的事业心。

1958 年，曾昭抡于 4 月应武汉大学之聘，经中央有关部门批准同意，到武汉大学化学系任教。

1959 年，在曾昭抡的主持下，武汉大学化学系建立了有机化学教研室，开设了元素有机化学课程，由他兼任教研室主任。

1960 年，曾昭抡的"右派"帽子被摘掉后，他以更饱满的热情投入到教学和科研之中。

1961 年，曾昭抡不幸身患癌病，他不仅带病坚持为学生讲课，而且撰写了许多科学论文，受到高度评价。

1962 年，曾昭抡组织有机硅、有机磷、有机氟、有机硼和元素高分子等科研攻关小组的专家、学者，撰写了一套内容丰富、反映当代最新科研成果的《元素有机化学》丛书。此丛书，至今仍是化学研究领域的重要参考书籍之一。

1963 年，曾昭抡于 12 月抱病参加了在天津召开的全国高等院校有机化学研讨会。在会上，做了"关于元素有机化学进展"的学术报告，受到高度评价。

1964 年 12 月，曾昭燏病逝，享年 55 岁。

1965 年，曾宝荪和曾约农将曾氏家藏手稿和抄件进行整理，由台湾学生书局分别影印了《湘乡曾氏文献》《曾文正公手写日记》和《曾惠敏公手写日记》等，共 24 本。

1966 年，曾宪植在"文化大革命"中遭受"四人帮"残酷迫害，被打成"阶级异己分子"。

1967 年 12 月 8 日，曾昭抡不幸逝世于武汉，享年 68 岁。

1968 年，曾宪植被下放到河北省衡水县农村从事繁重的农业劳动。

1969 年，曾宪植的儿子叶选宁，因说了对康生不满的话，以"反革命罪"被判坐牢。

1970 年，曾宪植的儿子叶选宁被迫到一个农场劳动改造。

1971 年 11 月，曾宝荪和曾约农召集曾氏家族的人，商讨对曾国藩的手稿和抄本原稿的处置问题，决定将其寄存于台北故宫博物院。

1972 年 2 月 7 日上午 10 时，在台北正式举行仪式，曾宝荪和曾约农将其家藏的曾国藩手稿和抄本原稿捐赠给台北故宫博物院。

1973 年，叶选宁在农场劳改期间，右手臂被机器压断，导致终身残疾。

1974 年，叶选宁在劳改农场写报告要求到北京治病，经管教干部批准回到北京。

1975 年，叶选宁到河北衡水看望离别 6 年的母亲。他看到母亲神态憔悴，并且年老多病，非常伤心。回北京后，便用左手给毛泽东写了一封长信告之母亲的病情，请求毛泽东批准母亲回京治病。毛泽东收到叶选宁的来信，当即批示："似应同意他的请求，请恩来同志予以安排。"周恩来根据毛泽东的批示，立即派人到衡水将曾宪植接回北京，安排到阜外医院住院治疗。

1976 年 10 月，"四人帮"反党集团被粉碎后，曾宪植获得人身自由。

1977 年，曾宪植回到全国妇联工作。

1978 年，曾宝荪于 7 月 27 日病逝，享年 85 岁。9 月，在第四次全国妇女代表大会上，曾宪植当选为全国妇联副主席，并重新担任全国妇联党组副书记，直到 1982 年退居二线。曾宪植还是第一届全国人民代表大会代表，第三、六届全国政协委员，第四、五届全国政协常委。

1979 年，曾广钟的女儿、曾纪鸿的孙女曾宝葹不幸得脑溢血，病逝于上海，享年 83 岁。

1985 年，曾昭和的长女、曾宪植之姐曾宪楷在北京病逝，享年 76 岁。

1986 年 12 月 31 日，曾约农病逝，享年 93 岁。

1989 年 10 月 11 日，曾宪植病逝于澳门，享年 79 岁。24 日，全国妇联在广州隆重举行了追悼大会，党和国家领导人送了花圈。会场挂满了挽联，其中三副曰：

其一

正直无私真本色；廉洁奉公是楷模。

其二

为党想，为人想，把荣誉推出去，将责任揽过来，斥骂赞许不顾，志比泰山胸若沧海；

不计得，不计失，是真理拼命干，有意见当面提，上下亲疏弗论，情同白玉气贯长虹。

其三

体恤群众，勤奋忘我，宽襟厚怀映日月；

坚持真理，廉洁奉公，高风亮节壮山河。

一副副挽联，表达了党和人民对曾宪植同志的敬意和怀念之情。

同治十一年（1872 年）正月十三日，朝廷赏赐给曾国藩的慈禧太后书写的"龙虎福寿"四字

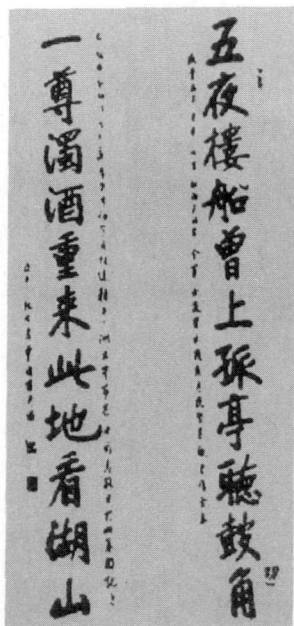

五夜楼船曾上张亭听鼓角
一尊浊酒重来此地看湖山

曾国藩手书对联

檀香木"光绪之宝"

曾国藩手迹

"慈禧端佑皇太后之宝"宝文

道光皇帝

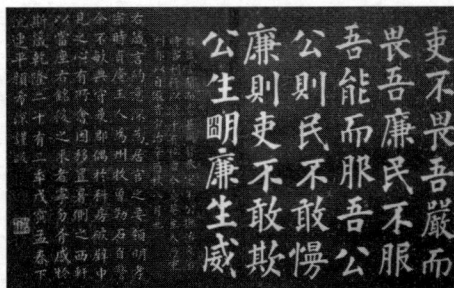

吏不畏吾嚴而畏吾廉
民不服吾能而服吾公
公則民不敢慢
廉則吏不敢欺
公生明廉生威

清朝《官箴》

太平天国玉玺

曾国藩

曾国藩胞弟曾国荃

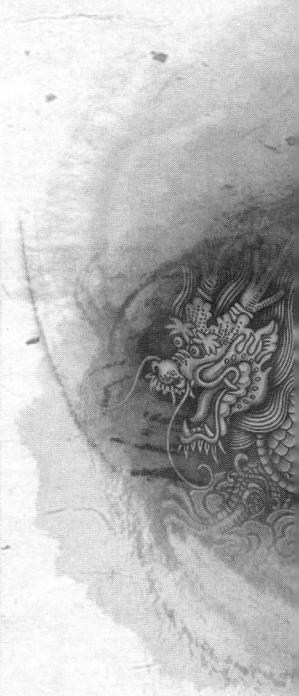

曾国藩胞弟曾国葆

曾国藩次子曾纪泽

曾国藩三子曾纪鸿，清著名数
学家